OSHO

A BUSCA PELA PAZ

Palestras extemporâneas dadas por
Osho em Mumbai, na Índia

OSHO

A BUSCA PELA PAZ

Transformando sua vida através da meditação

Tradução de Maria Cláudia Franchi

Copyright © **1969, 2015**, OSHO International Foundation, www.osho.com/copyrights
All rights reserved.

Título original: *The Search for Peace, by OSHO*
Publicado originalmente em híndi como *Trisha Gai Ek Bund Se*. O material deste livro é uma série de palestras dadas ao vivo por Osho. O arquivo de texto completo do OSHO pode ser encontrado na biblioteca on-line do OSHO em www.osho.com/Library.

OSHO® é uma marca registrada da Osho International Foundation, www.osho.com/trademarks

Nova edição
© 2021, Editora Nacional.
1ª edição – São Paulo – 2021
Todos os direitos reservados. Nenhuma parte desta obra pode ser reproduzida ou transmitida por qualquer forma ou meio eletrônico, inclusive fotocópia, gravação ou sistema de armazenagem e recuperação de informação sem o prévio e expresso consentimento da editora.

Diretor-presidente: Jorge Yunes
Gerente editorial: Luiza Del Monaco
Editor: Ricardo Lelis
Assistente editorial: Júlia Braga Tourinho
Preparação de texto: Juliana Bojczuk
Estagiária: Emily Macedo
Revisão: Laila Guilherme e Mel Ribeiro
Coordenadora de arte: Juliana Ida
Designer: Valquíria Palma
Assistentes de arte: Daniel Mascellani e Vitor Castrillo
Gerente de marketing: Carolina Della Nina
Analistas de marketing: Flávio Lima e Heila Lima
Produção editorial: Chiara Provenza
Diagramação: Isadora Theodoro Rodrigues
Projeto gráfico de capa e miolo: Marcela Badolatto

Dados Internacionais de Catalogação na Publicação (CIP) de acordo com ISBD

O82b   Osho

    A busca pela paz / Osho ; traduzido por Maria Claudia Franchi. - São Paulo, SP : Editora Nacional, 2021.
128 p. ; 23 cm x 16,5 cm.

Tradução de: The Search for Peace
ISBN: 978-65-5881-065-0

    1. Espiritualidade. 2. Paz. 3. OSHO. I. Franchi, Maria Claudia. II. Título.

2021-3522   CDD: 299.93
                                                              CDU: 299.93

Elaborado por Vagner Rodolfo da Silva - CRB-8/9410

Índice para catálogo sistemático
1. Espiritualidade 299.93
2. Espiritualidade 299.93

Rua Gomes de Carvalho, 1306, 11º andar – Vila Olímpia
São Paulo – SP – 04547-005 – Brasil – Tel.: (11) 2799-7799
www.editoranacional.com.br – editoras@editoranacional.com.br

SUMÁRIO

Prefácio	7
1. Quem sou eu?	9
2. Os sete chakras	43
3. Determinação é a chave para o despertar	69
4. Paz: a sombra da verdade	95
Sobre OSHO	123
Outros livros de OSHO	124
Para mais informações	127

PREFÁCIO

Um homem de paz não é um pacifista; um homem de paz é, simplesmente, um poço de silêncio. Ele emana um novo tipo de energia no mundo, ele canta uma nova canção. Ele vive de maneira inovadora – seu modo de vida é o da graça, da oração e da compaixão. Em quem quer que ele toque, ele cria mais energia de amor.

O homem de paz é criativo. Ele não é contrário ao conflito, pois ser contrário a alguma coisa significa estar em conflito. Não é contrário à guerra, apenas compreende por que ela existe. E, como resultado dessa compreensão, o homem de paz se torna pacífico. Somente quando houver inúmeras pessoas que são poços de paz, silêncio e compreensão é que a guerra deixará de existir.

Mas afastar-se não é o caminho para alcançar a paz. Afastar-se é escapismo. Afastar-se pode lhe proporcionar uma espécie de morte, mas não paz. A paz é viva. A paz é mais viva do que a guerra – pois a guerra está a serviço da morte, a paz está a serviço da vida. A paz é muito vibrante, jovem, dançante e viva.

Osho
Zen: The Path of Paradox, Vol. 2

1

Quem sou eu?

Meus amados,

O que é humanidade? O que é um homem? – uma sede, um chamado, um anseio.

A própria vida é um chamado; a vida é um anseio; a vida é uma ambição.

Mas ambições podem levar tanto ao inferno quanto ao céu; o chamado pode ser tanto para a escuridão quanto para a luz; o anseio pode ser tanto pelo falso quanto pelo verdadeiro.

Sabendo disso ou não, se pedirmos pela escuridão, continuaremos a ter problemas. Se escolhermos o falso, seguiremos sendo perturbados. Se escolhermos errado, é impossível alcançarmos a paz. A paz vem como uma sombra, nascida do desejo pelo que é certo. A paz nasce do desejo certo.

Uma semente deseja brotar. Se ela brota, está plena de contentamento, senão ela experimentará angústia e dor. O rio deseja tornar-se mar. Se ele alcançar o mar, se ele puder se misturar com o infinito, encontrará repouso. Senão, se ele vagar pelo deserto, estará agitado, perturbado, com dor.

Um sábio cantou: "Oh Deus, guie-me da escuridão para a luz; da inconsciência à consciência; da mentira à verdade". Essa, de fato, tem sido a esperança, o chamado, de toda a humanidade. Se no decorrer da vida nos tornarmos mais pacíficos, saibam que estaremos seguindo em direção ao cerne oculto da vida. Mas, se estivermos nos tornando mais atormentados, então estaremos indo na direção errada, na direção contrária.

A perturbação e a paz não são um fim em si mesmas. Elas são apenas sinais, indicadores. Uma mente calma significa que a

A busca pela paz

direção para a qual estamos seguindo é a direção que leva à vida. Uma mente confusa indica que o caminho que estamos trilhando não é o caminho certo, que a direção na qual nos movemos não nos leva ao nosso destino – não estamos seguindo na direção que nascemos para seguir.

A perturbação e a paz são sinais que indicam se nossa vida se desenrolou na direção correta ou na direção errada. A paz não é o objetivo. Aqueles que fazem da paz seu objetivo nunca conseguem alcançá-la. A perturbação também não pode ser eliminada de forma direta. O homem que tenta parar a agitação torna-se ainda mais agitado. Ela é um indicador de que a vida está se movendo em uma direção para a qual não deveria ir; a paz nos diz que estamos no caminho que leva ao templo, que é o objetivo final da vida.

Um homem está com a temperatura elevada, uma febre. Seu corpo arde. O calor desse corpo não é a doença; o calor do corpo apenas indica que há uma enfermidade dentro dele. Quando a temperatura está normal, é uma indicação de que não há nenhuma doença ali dentro. O aumento da temperatura por si só não é a doença; é um indicador da doença. No entanto, ter uma temperatura corporal normal também não é saúde; é apenas um sinal de que a vida interna está em um estado saudável. Se alguém tenta forçosamente baixar a temperatura de seu corpo febril, não se livrará da doença – e pode até morrer.

Não, a febre do corpo não deve ser removida. A febre é uma amiga nos informando sobre a doença ali dentro, nos atualizando sobre ela. Se o corpo não tiver febre, mas permanecer enfermo por dentro, a pessoa pode nem se dar conta de que está doente, de que pode vir a morrer.

A agitação é a febre – a doença, o calor – que toma a consciência e lhe informa que está seguindo por um caminho pelo qual sua vida não deveria ir. Estar calmo é um sinal de que a febre passou, de que agora a vida está na direção a que se destinava seguir. É essencial entender essa verdade fundamental. Assim, pelos próximos quatro dias, nossa jornada de busca pela paz será totalmente clara.

Não anseie pela paz e não tente remover a agitação. Compreenda a agitação e transforme sua vida. A transformação da vida automaticamente abre as portas para a paz. É como quando um homem sai para um passeio no jardim. Ao se aproximar, ele se dá conta da brisa fresca à sua volta, do perfume envolvente das flores ao redor e do canto dos passarinhos em seus ouvidos. Ele tem certeza, então, de que está próximo ao jardim – o canto dos passarinhos, a brisa fresca, o perfume das flores estão todos ali.

A paz é um sinal de que você está próximo da realidade suprema; é o perfume das flores crescendo no jardim. A agitação é sinal de que demos as costas à realidade suprema. Portanto, fundamentalmente, o que o homem vê como as razões para seus tormentos não são, em absoluto, as razões verdadeiras. Se um homem pensa que está perturbado por não ter dinheiro, ele está enganado. A riqueza pode vir, mas a perturbação continuará. Pode ser que alguém se sinta perturbado por não ter uma casa grande. Ele pode até conseguir a casa, mas a perturbação continuará; na verdade, ela vai até crescer um pouquinho. Quando não existia casa, não existia fortuna, pelo menos havia o consolo – "estou atormentado porque não tenho uma casa, não tenho dinheiro". Você consegue a casa, consegue o dinheiro e, ainda assim, a perturbação permanece. Então, sua vida torna-se ainda mais agitada.

É por essa razão que a agitação de um homem pobre nunca é tão grande quanto a de um homem rico. Um homem pobre nunca será capaz de entender o sofrimento de um homem rico. Sem enriquecer, é difícil compreender que um homem rico não tem nem mesmo o consolo que tem um homem pobre: "porque sou pobre, não estou em paz" – pelo menos existe uma razão palpável para não estar em paz. "Um dia minha pobreza irá acabar e eu ficarei em paz."

Mas até hoje, ninguém alcançou a paz livrando-se de sua pobreza. A pobreza se vai, a paz não chega, a agitação só cresce, pois, pela primeira vez, você se dá conta de que fazer fortuna não tem nenhuma relação com o fim da agitação. Então, a esperança de que se você for rico estará em paz desaparece.

É por isso que, quanto mais a sociedade prospera, maior é seu descontentamento. Atualmente, talvez nenhuma sociedade seja mais descontente que a norte-americana. Na história da humanidade, nenhuma sociedade, nenhum país jamais possuiu tanta riqueza quanto os Estados Unidos. É muito estranho que, embora eles tenham tudo isso, ainda estejam descontentes. Se aqui na Índia nós não estivermos em paz, é compreensível, pois não temos nada. Mas ter ou não ter não possui nenhuma relação com estar em paz ou em estado de agitação.

A existência humana é feita de um corpo, uma mente, uma alma. O corpo possui necessidades. Se elas não forem satisfeitas, a vida torna-se dolorosa. O corpo tem necessidades – comida, roupas, abrigo –, e se elas não são supridas, a jornada da vida torna-se dolorosa. A todo momento, o corpo lhe dirá: "Estou com fome, estou nu, não tenho remédio, estou com sede; não tem água e não tem comida". A todo momento, o corpo reclamará sobre isso, e a sensação de algo faltando enche a vida de dor. Lembre-se: a vida é preenchida não com agitação, mas com dor.

É possível que alguém sinta dor, mas não esteja agitado, e é igualmente possível que alguém não sinta dor alguma, mas permaneça agitado. Na verdade, geralmente é isso que acontece. Aquele que está com dor não tem consciência de qualquer descontentamento. Ele está tão envolvido em sua dor, que não possui a malícia ou até mesmo a oportunidade de pensar em qualquer insatisfação. Quando a dor desaparece, pela primeira vez, surge a consciência de que há descontentamento envolvido. O pobre está com dor. O rico está descontente.

O corpo está cheio de dor, mas, uma vez que as necessidades são supridas, a dor desaparece. No entanto, ainda assim, não se experimenta a alegria no nível do corpo. É importante compreender isso: o corpo pode abrigar a dor, mas a alegria nunca estará no corpo. Certamente, se a dor desaparecer, se não houver mais dor, nós confundiremos isso com alegria.

Se um espinho perfura o seu pé, existe dor, mas se não houver espinho, não haverá alegria. Você não percorrerá a vizinhança anunciando que hoje não há espinho no seu pé e por isso está feliz; que hoje você não sente dor de cabeça e por isso está feliz. Se estivermos com dor de cabeça, sofreremos, mas se não sentirmos dor de cabeça, não estaremos felizes. É muito importante entendermos que, no nível do corpo, nunca existe alegria; existe apenas a dor ou sua ausência. As pessoas confundem a ausência de dor com alegria. O corpo pode sentir dor ou a ausência dela, mas não pode sentir alegria. É por isso que aqueles que vivem no nível do corpo não conhecem a alegria. Eles conhecem apenas a dor e o alívio. Se estão famintos, sentem dor; assim que a fome é satisfeita, ela desaparece. Essas são as limitações do corpo.

Além do corpo, intrínseco a ele, está a mente. A condição da mente é exatamente oposta. A mente também tem suas necessidades, suas demandas, tem fome e sede próprias. Literatura, arte, filosofia, música – todas são desejos da mente, sua fome e sede. Elas são o alimento da mente. Mas alguém que nunca leu a poesia de Calidaça não estará com dor. E alguém que nunca ouviu a cítara de um grande maestro não sentirá dor por isso. Se fosse assim, as pessoas certamente morreriam de dor, pois há muitas coisas no mundo da mente sobre as quais nada conhecemos.

No mundo da mente, aquilo que você não conheceu, aquilo que você nunca experimentou não lhe provoca dor, mas o que você conhece lhe traz alegria. Se você tiver a oportunidade de ouvir um concerto de cítara, isso lhe trará alegria. Mas, se você não o ouvir, não sentirá dor. Se você não ler poesia, não a ouvir sendo declamada, não a compreender, não haverá dor. Mas se você a ouvir, lhe trará alegria.

A alegria está no nível da mente. Se a alegria já foi experimentada, mas não foi mais alcançada, sente-se falta dela: as pessoas confundem isso com a dor da mente. No nível do corpo, não há alegria, apenas a ausência da dor. E, no nível da mente, há apenas a alegria e a falta dela, não há dor.

Mas a mente tem mais uma característica: a alegria que existe no nível da mente é efêmera, nada além disso. O prazer que a mente experimenta uma vez jamais será o mesmo na repetição. Se hoje você ouvir alguém tocando vina e então essa pessoa tocá-la novamente para você amanhã, você não experimentará a mesma alegria. No dia seguinte, a alegria será menor. Se você tiver que ouvi-la constantemente por mais dez dias, aquilo que era alegria no primeiro dia passará a soar como dor. E se você for forçado a ouvi-la por três ou quatro meses, você sentirá vontade de bater a cabeça contra a parede e sair correndo – não vai querer ouvi-la por mais tempo.

No nível da mente, buscamos novos prazeres a todo momento. Já o corpo sempre procura velhos prazeres. Se ele experimentar coisas novas todos os dias, haverá problemas. Se o corpo estiver acostumado a dormir às dez da noite todos os dias, vai querer dormir sempre às dez. E se a comida é dada às onze da manhã todos os dias, então o corpo vai querer comer sempre às onze. Ele é como uma máquina, exige as mesmas coisas todos os dias. Quer repetição, não aceita mudanças na rotina. Qualquer pessoa que submeta seu corpo a mudanças diárias irá colocá-lo em estado de dor.

A sociedade moderna tem maltratado gravemente o corpo. Deseja que ele se comporte como novo todos os dias, mas o pobre corpo quer manter o velho. É por essa razão que as pessoas que vivem no interior parecem mais saudáveis que aquelas que vivem nos grandes centros. Os corpos têm que se adaptar diariamente a novas demandas, novas necessidades, novas regras. Isso se torna um problema, pois eles não têm a capacidade de se renovar todos os dias. Ficam pedindo o que é velho.

A mente almeja algo novo diariamente, não se satisfaz com o velho. Assim que algo começa a parecer velho, ela se revolta e dá um basta. Quer uma casa nova todos os dias, um carro novo todos os dias – e, se pudesse, ela desejaria uma nova esposa todos os dias, um novo marido todos os dias. É por isso que, em sociedades que se desenvolveram gradualmente priorizando a mente, as taxas de divórcio seguem aumentando. Nenhuma sociedade construída com base na mente consegue ser estável. Os países mais antigos do Oriente vivem tendo o corpo como base, enquanto os modernos do Ocidente começaram a viver com base na mente. E ela almeja algo novo todos os dias.

Ouvi dizer que na América existe uma atriz que se casou trinta e duas vezes. Isso está além da nossa imaginação. Em nosso país, as mulheres pedem aos deuses que tenham o mesmo marido nas próximas vidas. Se uma mulher da América fosse pedir – embora isso jamais se realizasse – a oração seria: "Por favor, não me faça encontrar aquele homem de novo". Ninguém pode ter certeza sobre a próxima vida, e por isso – a mulher é esperta – ela quer mudar o marido nesta vida.

A atriz que mencionei, aquela que se casou trinta e duas vezes, ao casar-se pela trigésima primeira vez, percebeu, cerca de quinze dias depois, que já havia se casado com aquele homem antes. As mudanças foram tão rápidas e frequentes, que demorou

♦ Quem sou eu? ♦

quinze dias para que ela reconhecesse com quem havia se casado. Esposas em nosso país, mesmo depois de cinco ou dez vidas, encontrarão seus maridos e dirão: "Você não se lembra?". Elas se lembrarão por muitas vidas.

A mente deseja algo novo todos os dias. Por isso ela fica entediada com o que é velho e se atormenta. Se você encontrar uma pessoa querida e a abraçar, no início você se sentirá muito feliz. Mas se esse amigo estiver muito afetuoso e não desfizer o abraço, então, após alguns minutos, haverá um grande desconforto. Aquela sensação inicial de alegria desaparece e, se a pessoa for totalmente louca – como são os amantes – e mantiver você trancado em um abraço por meia hora, você vai querer esganar-se a si mesmo ou a ela. Mas o que aconteceu? Quando a pessoa apareceu e o abraçou, isso causou em você um grande contentamento. Então, qual é o problema agora? Por que esse desconforto? A mente ficou entediada. O corpo nunca se entedia, ela se entendia sempre.

Você ficará surpreso em saber que o tédio não acomete nenhum outro animal no mundo exceto o homem. Você nunca verá búfalos entediados. Nem verá uma vaca ou um cachorro tristes, aborrecidos, irritados. Não, exceto pelo homem, nenhum animal fica entediado. O tédio não é possível a outros seres porque eles vivem no nível do corpo. No nível do corpo não há tédio; ele acontece apenas na mente. E quanto mais a mente se desenvolve, maior é o tédio. Por isso, os países orientais não estão tão entediados quanto os ocidentais. À medida que o tédio aumenta, torna-se necessário procurar novas sensações todos os dias para quebrar a monotonia.

Você ficará surpreso em saber também que o homem é o único ser que fica entediado e é o único ser capaz de rir. Exceto pelo homem, nenhum outro animal no mundo ri. Se você estiver andando pela rua e um pato começar a rir, você ficará tão surpreso, que não conseguirá dormir, porque nós não esperamos que um animal dê risada. Alguém que não consegue se entediar é alguém que também não consegue sorrir. Rir é uma maneira de eliminar o tédio. Por isso, quando você está entediado, quer encontrar um amigo e rir um pouco, para que o tédio diminua.

O homem precisa entreter-se de várias maneiras, pois fica tão entediado ao longo do dia, que necessita de entretenimento contínuo. No entanto, até o entretenimento fica chato e são necessárias novas formas de distrair-se. Quando o tédio se espalha por todos os lugares, é necessário que haja uma guerra. Com a guerra, destrói-se a monotonia.

Vocês devem ter percebido como o rosto das pessoas se iluminou quando a Índia e a China – ou a Índia e o Paquistão – entraram em guerra. Os olhos das pessoas brilhavam. Todos pareciam renovados e vivazes. Por quê? A vida é tão entediante que qualquer atividade, qualquer perturbação é bem-vinda. Se há tumulto em algum lugar, a vida torna-se mais ativa, mais brilhante, a apatia diminui; parece que algo está para acontecer, há algo novo para ver. Do contrário, tudo já foi visto, tudo já aconteceu e está se repetindo, a mente fica entediada e inquieta.

Isso acontece só com você. Nenhum outro animal fica entediado, nenhum outro animal sorri, e perceba que nenhum outro animal, exceto o homem, comete suicídio. O homem consegue ficar tão entediado com a vida, que decide pôr um fim nela. Até o processo de pôr fim à vida pode provocar a sensação de novidade. Até mesmo finalizar a vida pode ser um novo estímulo, uma nova sensação.

◆

Houve um caso apresentado contra um homem na Suécia. Ele esfaqueou um desconhecido que estava sentado na praia. No julgamento, lhe perguntaram:

— Você tinha alguma rixa com esse homem?

Ele respondeu:

— Não existia nenhuma rixa. Eu nunca tinha visto aquele homem. Nem vi seu rosto. Eu o esfaqueei por trás, pelas costas.

O juiz questionou:

— Você é muito estranho. Por que o esfaqueou?

Ele respondeu:

— Eu estava muito entediado e queria que algo acontecesse na minha vida. Eu nunca matei ninguém antes, então quis saber como era. Não tenho mais nada a dizer em minha defesa. Se for enforcado, ficarei feliz, pois, para mim, não resta mais nada que valha a pena ver nesta vida. Eu já vi tudo. Só a morte é novidade.

◆

◆ Quem sou eu? ◆

No Ocidente, assassinatos, suicídios e crimes estão crescendo. A razão para isso não é que o Ocidente está se tornando mais perigoso. É que, no Ocidente, a vida tornou-se tão entediante e indiferente que bandear-se para o crime parece ser a única válvula de escape.

Eu soube recentemente sobre um novo jogo que foi lançado na América. É uma prática bem perigosa – e quando a sociedade está entediada, ela desenvolve esse tipo de jogo. Ele consiste em dois carros que, com suas rodas alinhadas no centro da pista, partem um em direção ao outro a toda velocidade. Com os carros avançando na velocidade máxima, o primeiro que se desviar do outro por medo do acidente perde; o que não se desviar ganha.

Agora, se dois carros estão avançando um contra o outro numa velocidade de duzentos quilômetros por hora, existe um perigo iminente à vida. Quem irá desviar primeiro? Quem desviar, perde. A sociedade chegou ao limite do tédio. Agora, parece não haver mais nenhuma forma de empolgação a menos que a própria vida seja posta em jogo.

Por essa razão, quando uma sociedade começa a se entediar, descobre-se o álcool, nascem os jogos de azar – e as apostas são altas. Sempre que, em uma sociedade, os jogos são muitos, perceba que o tédio é grande. Sem altas apostas, sem encarar nenhum perigo, parece não haver possibilidade de que algo novo aconteça.

No mundo da mente, as coisas ficam velhas todos os dias; a mente não consegue experimentar a alegria por mais de um momento. Ele passa e a alegria torna-se dor. No nível do corpo, existe dor, mas não alegria, apenas a ausência de dor. No nível da mente, existe alegria apenas momentaneamente; num segundo ela esmorece e se vai. É por isso que, embora possamos desejar algo loucamente e estar dispostos a colocar tudo em jogo, ao conseguirmos, de repente, ficamos tristes.

Você deseja comprar uma linda casa. Compre-a e descobrirá que, de repente, tudo acabou. Aquele entusiasmo, aquela correria, aquela empolgação, aquela felicidade que havia na busca pela casa desaparece no momento em que você a compra. Ficará desapontado assim que conseguir o que queria porque aquilo lhe traz apenas uma felicidade momentânea. Depois de um tempo, tudo parecerá velho novamente, as coisas voltarão a ser como eram antes.

◆ A busca pela paz ◆

Existe alegria no nível da mente, mas é momentânea. E aquele que vive somente entre o corpo e a mente viverá agitado para sempre. Como pode um homem que não vislumbrou a felicidade permanente estar em paz? E, tanto no nível do corpo quanto no nível da mente, é impossível vislumbrar a felicidade permanente.

Mas, de certo modo, as pessoas que vivem no plano do corpo ainda parecerão pacíficas – pacificamente mortas. Há dois tipos de paz: uma viva, constante; e outra morta, efêmera. Vá ao cemitério. Lá também existe paz, mas é a paz dos mortos. Existe paz porque não há ninguém ali que possa estar inquieto.

◆

Buddha estava acampando nos arredores de um vilarejo chamado Amravan com seus monges, dez mil deles. O rei do vilarejo foi avisado por seus amigos sobre a chegada de Buddha. Eles o apressaram a conhecer Buddha, então o rei foi encontrá-lo.

Era tarde e estava começando a escurecer. Estavam quase chegando ao local onde Buddha acampava com seus monges quando, de repente, o rei puxou a espada e disse a seus amigos:

— Parece que vocês estão querendo me enganar. Estamos chegando ao local onde supostamente há dez mil pessoas e, ainda assim, não há nenhum barulho. Parece tão pacífico... Vocês estão me guiando para uma emboscada?

Seus amigos responderam:

— Você não está familiarizado com Buddha e seus seguidores. Até hoje, presenciou apenas a paz do cemitério; agora, aprecie a paz dos vivos. Há dez mil pessoas nestas terras. Por favor, venha, não desconfie de nós.

A cada passo que dava no escuro, o rei ficava mais temeroso. Será que era uma armadilha? Mas seus amigos continuaram dizendo:

— Por favor, venha, por favor, não se preocupe; realmente há dez mil pessoas ali. Dez mil pessoas, mas um silêncio como se não houvesse ninguém.

Ao chegar, o rei curvou-se aos pés de Buddha e exclamou:

— Estou espantado, dez mil pessoas! Há dez mil pessoas sentadas sob as árvores e está um silêncio absoluto, como se não houvesse ninguém aqui.

Buddha, então, replicou:

◆ Quem sou eu? ◆

— Parece que você conhece apenas a paz do cemitério. Há também a paz dos vivos.

◆

De certo modo, aqueles que vivem no nível do corpo estão em paz. Animais estão em paz, eles não ficam inquietos. Alguns homens, igualmente, estarão em paz apenas vivendo no nível do corpo. Eles comerão, vestirão suas roupas, dormirão e, de novo, vão comer, vestir suas roupas e tornar a dormir. Mas esse tipo de satisfação não é paz; é apenas ausência de consciência. Você não tem consciência. É como se estivesse morto por dentro, seu estado é igual ao de um homem morto.

Uma vez, alguém disse a Sócrates:

— Você está tão inquieto, Sócrates, que teria sido melhor se você tivesse nascido um porco. Qual a vantagem de ser Sócrates? Os porcos andam pela fronteira do vilarejo e estão muito mais em paz. Eles se deitam nas sarjetas, comem o quanto podem: como eles parecem ser felizes e pacíficos...

Sócrates respondeu:

— Eu preferiria ser um Sócrates insatisfeito a um porco satisfeito. Não há dúvida de que um porco está satisfeito, mas isso é porque ele não almeja nada além do corpo; ele não ouve nenhum outro chamado na vida. É quase como se não existisse. Certamente estou insatisfeito, porque ouço um chamado atraindo-me na direção da paz que eu procuro. Até que eu a encontre, estarei inquieto. Mas eu escolho essa agitação. E considero que ela seja minha boa fortuna.

O estado daqueles entre nós que estão satisfeitos no nível do corpo não é muito diferente do estado dos animais. Animal significa: satisfação no nível do corpo, tranquilo; homem significa: inquietação no nível da mente; ser divino significa: paz no nível da alma.

Entre o corpo e a alma está a mente. No mundo da mente, a felicidade é um vislumbre momentâneo. Ainda que seja apenas por um momento, de onde vem esse vislumbre? Esse vislumbre momentâneo vem da alma. Se a mente está em silêncio, mesmo que seja só por um instante, então, naquele instante, a felicidade desce da alma. Naquele silêncio, vislumbra-se a paz. Como quando uma luz pisca em meio à noite escura, tudo se ilumina por um tempo e,

◆ A busca pela paz ◆

depois, mergulha na escuridão profunda. A mente é a escuridão, mas se por um momento ela estiver em silêncio, nesse momento, a luz da alma que está escondida por trás dela é revelada.

Você encontra alguém que ama, por um instante seu coração para de bater, por um instante seus pensamentos paralisam, e você o toma em um abraço. Tudo para. Um vislumbre da alma o invade – apenas por um momento. Então a mente começa a trabalhar de novo, a mente começa a agitar-se novamente, cheia de pensamentos. O mundo volta à vida e você volta a si. A pessoa que você abraçou parece entediante agora, você quer desfazer o abraço. A paz e a alegria que você sentiu ao abraçar essa pessoa querida não foi por causa dela. Ela foi apenas o meio; os sentimentos vieram de você.

Quando a música, por um tempo, silencia a mente, você se sente em paz por dentro. Se você acha que essa paz é por causa da cítara que está ouvindo, está enganado. A cítara apenas abriu uma oportunidade e a mente ficou livre e se aquietou. Assim que a mente fica em silêncio, a paz que existe dentro de você pode ser sentida. A paz sempre vem de dentro, a felicidade sempre vem de dentro. Se a mente encontrar uma oportunidade do lado de fora, é possível que ela fique em silêncio momentaneamente. É nesse segundo de silêncio que algo pode fluir do lado de dentro. A mente está em silêncio e algo flui internamente. É por isso que, quando a mente se aquieta por um instante – esse fluir dura apenas um instante –, tudo desaparece.

Mas existe uma alma para além da mente. E é a direção até essa alma, o caminho que nos leva a ela, a consciência necessária para adentrá-la que consiste na mesma consciência que nos leva à felicidade, à paz e ao divino.

Como podemos fluir nessa direção? Vou tentar explicar com uma história.

◆

Eu nasci num vilarejo muito pequeno. Há um riacho que corre ali perto. Na maior parte do ano, ele é apenas um riacho normal, mas durante as monções, se torna muito forte. Durante as chuvas, por ser um rio de montanhas, muita água corre nele, que fica com quase um quilômetro de largura. Então, o rio flui furiosamente e é muito difícil cruzá-lo. Mas eu amava aquele rio desde criança e me fascinava a ideia de cruzá-lo durante as chuvas.

Eu devia ter uns quinze ou dezesseis anos e, por inúmeras vezes, havia cruzado aquele rio durante as chuvas com meus amigos. Mas ocorreu-me que eu deveria tentar cruzá-lo sozinho, no meio da noite. Era muito perigoso, pois a corrente era muito forte. Decidi cruzá-lo às duas horas da manhã, no auge da escuridão. Quanto mais perigoso é um plano, mais atrativo ele se torna. Estava muito escuro aquela noite. Eu desci até o rio. Lutei para chegar à outra margem, nadei por quase três quilômetros, lutei, tentei de tudo, mas era como se a outra margem não estivesse lá. No escuro, a outra margem não era nem visível.

Eu estava exausto. Parecia que eu não sobreviveria àquela noite. Fiz mais uma tentativa, uma última tentativa. As ondas eram bravas, a noite estava um breu e a outra margem não era visível. Agora, mesmo a margem de onde saí estava muito longe. Não dava para voltar, era bem possível que o outro lado estivesse agora mais próximo que a margem de onde eu havia partido. A correnteza forte do rio me arrastava – eu já havia percorrido uns três ou quatro quilômetros.

Eu tentei uma última vez. Quanto mais eu tentava, mais difícil era alcançar a outra margem. Então, por um momento, pareceu que a morte tinha chegado. Meus braços e pernas se recusaram a nadar, meus olhos se fecharam. Pensei que a morte estava ali; que tudo tinha finalmente acabado. Depois de umas duas horas, quando meus olhos se abriram, eu estava deitado na outra margem. Mas algo aconteceu durante essas duas horas. Quero falar sobre isso.

Foi como se eu tivesse renascido; como se eu tivesse morrido e voltado. Assim que senti estar morrendo – que a morte havia chegado –, decidi que, já que a morte era inevitável agora, eu iria calmamente encará-la e conhecê-la. Fechei os olhos e deixei meus braços e pernas falharem. Estava, obviamente, muito escuro lá fora, mas pareceu-me que eu havia entrado em uma caverna ainda mais escura dentro de mim. Eu nunca havia visto uma escuridão tão absoluta...

◆

◆ A busca pela paz ◆

Está escuro lá fora, mas a escuridão não é absoluta. Do lado de fora também há luz, mas aquela também não é a luz absoluta. A escuridão lá fora é muda; a luz também. Pela primeira vez, experimentei a escuridão sobre a qual os sacerdotes oravam: "Oh, Deus, por favor, guiai-nos da escuridão à luz". Até então, eu acreditava que os sacerdotes se referiam à escuridão normal lá de fora quando pediam para serem guiados. E eu costumava pensar que essa escuridão poderia ser facilmente dissipada apenas acendendo a luz. Qual a necessidade de atormentar Deus com uma questão tão simples?

Por muitas vezes eu me surpreendi com a tolice dos sacerdotes. Quando se podia acender uma simples lâmpada para dissipar a escuridão, qual a necessidade de rezar para Deus sobre isso? Eles deviam ser aculturados, provavelmente não eram muito inteligentes, do contrário, poderiam apenas acender uma lâmpada e resolver o problema. Não havia nenhuma necessidade de rezar para alguém acabar com a escuridão.

Mas naquele dia eu percebi, pela primeira vez, que existe uma escuridão que não pode ser dissipada pela luz de uma lâmpada, uma escuridão da qual lâmpada nenhuma se aproxima. Pela primeira vez, eu entendi a natureza da escuridão para a qual a oração se destinava. Eu não conhecia aquela escuridão até então. Pintores não possuem uma tinta tão escura. Era difícil até imaginar que pudesse haver um breu tão absoluto.

Sempre há alguma luz lá fora. Se a luz não estiver lá, existem as estrelas. Se o sol está se pondo e as nuvens cobrem o céu, ainda assim, alguns raios de sol vão ultrapassar as nuvens. A verdade é que a escuridão lá fora é relativa, parcial, nunca total, nunca absoluta. Pela primeira vez, percebi o que é a escuridão total, o que é a noite absoluta. Eu senti o pânico nascer naquela escuridão; então entendi por que o homem tem tanto medo do escuro lá fora.

Não existe nenhum perigo na escuridão lá de fora, então por que uma noite escura dá tanto medo? E por que, há milhares de anos, o homem tem adoração pelo fogo? Então percebi que, talvez, o escuro lá de fora trouxesse alguma recordação do escuro interior. Do contrário, não há razão para temer o escuro do lado de fora. Talvez o acender de uma lâmpada ou de uma fogueira ou a adoração pelo fogo sejam mesmo parte de uma tentativa de afastar a escuridão em nosso interior.

Pela primeira vez, vi a escuridão. Eu estava caminhado dentro dela a toda velocidade – ficava cada vez mais escuro – e todo o meu ser estava agitado. Deve ter durado apenas um instante. Não pode ter durado muito, mas para o tempo existem escalas variáveis, percepções variáveis, medidas variáveis.

Quando está acordado, você mede o tempo pelos ponteiros do relógio. Mas essa não é uma medida exata. Se você estiver feliz, os ponteiros parecem mover-se muito rápido, mas se estiver sofrendo, eles parecerão mover-se bem devagar. Se alguém em sua casa estiver morrendo e você estiver na cama a seu lado, perceba o quão lentamente o tempo passará.

É como se o relógio parasse, como se os ponteiros tivessem congelado, presos na mesma posição. A noite parece alongar-se, você sente como se ela não fosse terminar nunca. O relógio move-se em seu próprio ritmo. Ele não se importa se tem alguém morrendo em sua casa, mas, ainda assim, parece que ele passa mais devagar.

Se você encontrar alguém querido que não vê há muito tempo, o relógio vai acelerar. Não parecerá que ele está se movendo segundo a segundo, mas, sim, que está pulando de hora em hora. A noite passa tão rápido. Há pouco ainda era final de tarde e agora já é de manhã. Tão rápido? Como isso aconteceu? Parece que o relógio se tornou rival do seu amor. O mundo todo colocou obstáculos no caminho e, agora, o relógio é mais um deles. A noite passou voando.

Do lado de fora, o ritmo do tempo muda de acordo com a felicidade ou o sofrimento. Quanto maior a dor, mais lentamente os ponteiros do relógio parecerão mover-se. Quanto maior a felicidade, mais rápido os ponteiros andarão. Num sofrimento profundo, os ponteiros do relógio vão congelar, o tempo vai parar. Na felicidade total, os ponteiros do relógio vão se mover tão depressa, que você não vai nem ver o instante. De novo, parecerá que eles nem se moveram.

E, interna e externamente, o tempo difere. Durante o dia, você tira um cochilo e sonha que está se casando, aí você tem filhos, sua filha cresceu e você está procurando um noivo para ela; você encontra um rapaz, sua filha está se casando... Então, de repente, você acorda, olha no relógio e percebe que cochilou por apenas um minuto. Você fechou os olhos por um minuto. Como tanta coisa aconteceu nesse tempo? Você se casou, teve filhos, sua filha cresceu, você encontrou um rapaz para ela e a estava casando com toda pompa e circunstância? E, de repente, você acordou. Apenas um minuto havia passado no mundo exterior, como foi que uma jornada tão longa e cheia de atividades aconteceu do lado de dentro?

No sonho, a medida do tempo é diferente, a velocidade do tempo é diferente, e quando você está acordado, novamente, é diferente. Eu me dei conta disso naquele dia. Por dentro, eu estava me movendo tão depressa, tudo estava acontecendo tão rápido, como se estivesse além do tempo. Todo o meu ser lutava aterrorizado. Como escapar da escuridão? Como escapar, como sair dessa escuridão? E naquele dia, pela primeira vez, minha mente estava sedenta, cheia de oração: "Oh, Deus, guiai-me da escuridão à luz".

Até que você experimente a escuridão, não conhecerá essa sede. Nos próximos dias, tentaremos explorar um pouco dessa escuridão interior. Aquele que não tiver consciência da escuridão interior não pedirá por nenhuma luz, não rogará, não suplicará por nenhuma luz interior.

◆

... Eu não sei por quanto tempo permaneci na escuridão. Então, em frustração, comecei a bater a cabeça contra a parede. Hoje, narrando, parece-me que durou muito tempo. Eu batia minha cabeça com muita força e gritava:

— Abram a porta, abram a porta!

Ninguém estava falando nada, não havia nenhuma palavra aqui dentro, mas todo o meu ser estava gritando.

Não há ninguém aqui dentro realmente gritando para lhe abrirem a porta; não existem tais palavras aqui. Mas todo o ser, cada poro, está gritando: "Me tirem daqui, abram a porta!". Eu ouvi dizer que Jesus disse "Bata, e a porta se abrirá". Eu costumava pensar: "É possível que seja tão simples assim? É só bater e as portas se abrirão?". E essas são as portas para a realidade suprema. É só bater para abri-las? Se fosse assim tão simples, qualquer transeunte bateria. Mas, naquele dia, eu entendi o que significava bater à porta.

◆ Quem sou eu? ◆

Eu estava gritando com todo o meu fôlego, com cada poro do meu corpo, com todo o meu ser – não em palavras, mas em emoções. Se a própria alma bater à porta, certamente a porta se abrirá. Então as portas se abriram para uma cavidade ligeiramente maior. Até então, era como um túnel, uma caverna bem estreita de onde eu estava frenético para escapar, mas agora a caverna era um pouco maior e havia uma luzinha pálida. A mente relaxou um pouco.

Quando eu abri os olhos e, com cuidado, olhei para a pálida luz, vi um monte de atividade e comoção. Muitas formas de cores distintas podiam ser vistas ali, correndo furiosamente. E quando avancei, havia um grande mercado, muito cheio, com todos os tipos de pessoas e uma grande variedade de objetos. Mas os objetos expostos eram únicos, eu nunca tinha visto nada parecido com aquilo antes...

◆

Ouvi uma vez que o filósofo grego Platão costumava dizer que os objetos estão no mundo exterior, mas que sua beleza e forma estão no interior. Ouvi que o mundo das ideias contém em si as formas de todos os objetos que existem. No mundo exterior, eu vejo vocês. Se eu fechar os olhos, ainda serei capaz de vê-los. Com os meus olhos fechados, vocês estão presos aqui fora. Então, quem é que estou vendo aqui dentro? Obviamente, alguma forma sua – alguma lembrança, alguma imagem impressa na memória – ficou aqui dentro.

Existem muitos pensamentos impressos na mente, correndo aqui e ali, por todos os lados. É como um carnaval, um grande festival. No primeiro estágio há um breu absoluto, nenhuma agitação, mas no segundo estágio existem uma luz pálida e uma enorme turbulência e barulho. As vozes são ensurdecedoras. É preciso escapar de sons tão estridentes, ou você pode ficar louco. Mais tarde, me ocorreu que, talvez, o primeiro estágio de escuridão seja no nível do corpo e o segundo, no nível da mente.

No nível do corpo existe a escuridão total, e no nível da mente existe uma grande comoção. O corpo é um túnel, uma caverna estreita; a mente é uma grande expansão. Mas tal expansão é muito cheia, com muitas cores, muitos sons, muitos cheiros. Tudo o que você já conheceu ou já experimentou está lá, nunca morre. Tudo o que você já viveu ou experimentou, até em outras vidas, está lá. A mente é um museu incrível de todas as suas vidas. Todos aqueles que já foram seus amigos, todos os seus inimigos, tudo o que você já ouviu, tudo o que já falou, tudo o que já viveu – tudo o que já aconteceu com você –, está tudo lá. Nessa grande expansão, há uma multidão e uma cacofonia de sons e vozes. Isso pode ser assustador e te deixar louco.

É essa a ilusão que o cerca por todos os lados e o fragmenta? É essa a voz que o incita a continuar andando, continuar andando, pois a corrida começou? Então, a porta fechada está à sua frente. Você começa a bater a cabeça nela, gritando, até que ela finalmente se abra.

Há também um terceiro mundo no qual não existem limites, nem escuridão, nem luz, nem som. Um mundo onde não há escuridão ou luz, porque a luz que conhecemos é apenas uma forma de escuridão, e a escuridão que conhecemos é apenas uma forma de luz. Existe alguma coisa ali que a mente hesita em chamar de luz, pois essa luz não é nada parecida com a luz que conhecemos.

◆

... Mas, por um instante, uma onda de felicidade espalhou-se pelo meu ser, e então eu voltei, meus olhos se abriram, e eu me vi deitado na outra margem. Por um momento, pareceu como se eu estivesse sonhando. Eu não pude acreditar no que tinha acabado de acontecer. Eu pensei muito sobre aquilo, mas não havia nada concreto; devia ter sido um sonho. Mas o sonho me perseguia. Com muito esforço, passei a explorá-lo. Então, gradualmente, o que aconteceu naquele dia, durante meu confronto com a morte, começou a acontecer naturalmente.

◆

Nos próximos três dias, eu quero levar vocês por essa jornada.

A primeira viagem, no plano do corpo. A segunda viagem, no plano da mente. E a terceira viagem, a terceira jornada, será no plano da alma.

Se ao menos uma vez vocês tiverem um leve vislumbre desse raio, não poderão esquecê-lo. Ele se torna o núcleo em volta do qual a transformação da vida começa a acontecer. Uma vez que encontramos a luz desse raio, a vida se transforma; é como renascer. Ele preenche a vida com uma sensação de paz. Depois, independentemente dos problemas enfrentados na vida – se alguém te apunhala no peito, ou lhe arranca a cabeça, ou lhe queima com fogo, o insulta ou elogia, abusa ou coloca uma guirlanda em volta do seu pescoço –, nada disso importa. É como se tudo acontecesse num sonho. Naquele núcleo, onde a calma é absoluta, nada disso tem o menor impacto. Ali, a calma, a felicidade, tudo o que houver permanece inteiro e completo, imóvel, inabalável. A experiência de chegar a esse ponto e deixá-lo se espalhar por todo o seu ser é a definição da paz.

A paz não é um acontecimento da mente. Os psicanalistas do Ocidente cometeram um erro fundamental a esse respeito. Tentam trazer paz ao homem através de suas mentes. Eles jamais terão êxito. A paz não é algo mental. No nível da mente, o máximo que pode haver é um acordo, um compromisso, mas nunca a paz.

A paz é do espírito, um reflexo da realização espiritual.

É por isso que, no Ocidente, eles não sabem nada sobre a paz. Em vez disso, inúmeros esforços estão sendo feitos para entender a mente, suas doenças, seus pensamentos, suas tendências, para compreender o completo estado da mente e tentar organizá-la de modo mais efetivo. Mas todos esses esforços não levarão à paz. A paz é algo que se alcança quando a mente é transcendida, quando se pode ir além dela, quando a mente se torna algo do passado.

No nível da mente, não existe paz. Não importa o quanto a mente esteja organizada, o máximo que pode acontecer é ela ser melhor em tolerar a agitação – jamais estará em paz. Ser capaz de suportar a agitação é uma coisa, estar em paz é outra totalmente diferente. Estar saudável é uma coisa, ser capaz de suportar a doença é outra.

Atualmente, qualquer que seja o progresso feito na psicologia, o que quer que esteja sendo feito na psiquiatria, o máximo que pode conseguir é tornar as pessoas melhores em enfrentar seus tumultos internos; jamais lhes darão a paz interior. O homem se torna pacífico apenas no terceiro nível, o nível da alma.

Por que o homem fica em paz apenas no nível da alma? Como eu disse, quando o corpo está faminto, ele precisa de comida; quando a mente está faminta, ela precisa de alegria. Do mesmo modo,

A busca pela paz

quando a alma está faminta, ela precisa da realidade suprema: o alimento da alma. E no dia em que você entrar nesse terceiro nível, entenderá o que é a realidade suprema. No momento em que encontrar a realidade suprema, você experimentará a alegria da paz inundando sua vida inteira. Uma vez que você teve essa experiência, nunca mais irá perdê-la. A verdade é que, mesmo agora, ela não está perdida, apenas não estamos cientes de sua presença. Não é possível perdê-la; em nós, ela está sempre presente.

É como se um tesouro estivesse escondido na casa de alguém, mas esse alguém ficasse dando voltas ao redor da casa; contemplando o seu exterior. Quanto mais caminha, mais ele se esquece de entrar em casa, e vagar torna-se um hábito, um padrão. Então, vê-se apenas esse caminho e ele fica andando ao longo da mesma trilha. Gradualmente, suas lembranças desaparecem e ele nem se recorda de que havia um tesouro lá dentro. E, porque ele está vagando lá fora, pergunta a todos que encontra:

— Cadê o tesouro? O que estou procurando? O que espero encontrar? Eu não sei de nada.

No entanto, ele está andando em volta do tesouro o tempo todo.

A condição do homem é semelhante a essa, motivo pelo qual ele está agitado. Ele não é capaz de encontrar aquilo que lhe pertence pois não se dá conta de que já o possui. Ele não tem consciência daquilo que possui. Sua vida inteira é desperdiçada num vagar sem rumo.

Inquietação significa: vagar lá fora; paz significa: entrar.

Mas como se consegue entrar? Na verdade, é bem simples. Mas simples não significa fácil. Não significa que pode ser alcançado a preço de nada. A verdade é que não há nada mais complicado do que ser simples e direto. Não há nada mais complicado, mais árduo, do que ser simples. Ser complicado é fácil, ser simples é muito difícil, pois na simplicidade, o ego não se satisfaz, mas na complexidade, o ego infla enormemente. O ego morre na simplicidade por não ser nutrido.

Ouvi dizer que Mestre Eckhart[1] uma vez falou:

— Ser comum é a mais árdua tarefa.

---

1. Eckhart von Hochheim (1260-1327), mais conhecido como Mestre Eckhart, foi um frade dominicano reconhecido pelo seu trabalho com a teologia, a filosofia e o misticismo especulativo alemão. (N. E.)

É muito difícil ser comum. Quando Eckhart morreu, alguém disse que ele era um homem extraordinário, um homem excepcional. Quando lhe perguntaram por quê, respondeu:

— Porque ele era um homem comum.

Ele era extraordinário por ser comum. É muito difícil ser ordinário. Parece estranho pensar que alguém pode ser excepcional apenas por não ser excepcional.

Parece igualmente estranho ouvir que ser simples é complicado. Não confunda simples com fácil. No entanto, é fácil, pois a simplicidade é sua natureza, e não pode ser complicado conseguir aquilo que lhe é natural. Não pode ser complicado conseguir aquilo que já está em nós; não pode ser complicado conhecer quem somos. Mas tornou-se complicado porque, por muitas vidas, nós trilhamos um caminho que não tinha nenhuma relação com o lugar aonde queríamos ir. E, por andarmos nessa trilha há tantas vidas, o hábito tornou-se tão enraizado em nós, que não somos capazes de voltar nossa cabeça a nós mesmos; é como se nosso pescoço estivesse paralisado.

Se pedirmos a alguém cujo pescoço está paralisado para virar a cabeça e olhar para trás, ele dirá: "É muito difícil", e nós responderemos: "Qual a dificuldade? É só virar a cabeça e olhar". Ele dirá: "O que você diz é verdade, mas meu pescoço está muito rígido e não consegue virar. A menos que eu vire o corpo todo, meu pescoço não virará; sozinho ele não consegue virar". Mas o homem deseja olhar para trás apenas virando o pescoço, por isso ele não consegue voltar. O homem todo, o homem inteiro tem que se virar para trás. Só assim ele pode voltar.

É por essa razão que Tao, a lei universal, é uma transformação completa da vida. Não se trata apenas de virar o pescoço. Os poetas dizem: "Curve-se e você verá". Não se pode ver nada apenas curvando um pouco o pescoço. Não é apenas o pescoço que deve curvar-se, mas o homem todo. É uma volta completa, uma conversão completa. Para isso, não só o pescoço tem que se curvar, nem só os braços ou as pernas, mas o homem inteiro tem que se curvar. E como o homem inteiro consegue se curvar é o que eu vou explicar agora.

Mas antes... Vamos meditar aqui todos os dias – hoje também meditaremos por quinze minutos no final –, então, vou explicar um pouco sobre a meditação. E, depois, vou tentar explicar como, a partir de amanhã, poderemos iniciar nossa jornada, passo a passo. Mas entender não é tão importante quanto experimentar. Vamos experimentar agora e eu explicarei como.

Agora, vamos começar um experimento em meditação. É um experimento bastante simples; uma tentativa de despertar uma parte dentro de você que está adormecida. Normalmente, se alguém está dormindo, nós o acordamos chamando-o. Se soubermos o seu nome, o acordaremos chamando-o pelo nome. Mas como faremos se não soubermos o seu nome?

Não sabemos nada sobre quem está dormindo aqui dentro. Certamente, não sabemos o seu nome. Então, só há uma coisa a fazer – perguntar a todo o nosso ser: "Quem sou eu?". E se perguntarmos "Quem sou eu?" com todo o nosso ser, então lentamente, gradualmente, partes adormecidas em nós começarão a despertar. No dia em que essa pergunta alcançar o centro do nosso ser, lá pela terceira porta, então a resposta para o "Quem sou eu?" começará a sair de quem quer que esteja ali dentro.

Aqueles que disseram *Aham brahmasmi – Eu sou a realidade suprema*" não se sentaram em uma livraria e tiraram isso de um livro. Eles se perguntaram: "Quem sou eu?". E continuaram a se perguntar, eles mergulharam suas vidas nessa pergunta, na busca por quem são. Como uma flecha, a pergunta continuou a penetrá-los, cada vez mais fundo, até que eles encontrassem a resposta.

Mas todos somos muito inteligentes. Nós questionamos por que temos que trabalhar tanto. Nos livros está escrito que somos a verdade. Vamos nos lembrar apenas disso. Por que temos que lutar? Vamos apenas decorar. Se a pergunta surgir, diremos apenas: "Sou a verdade. Sou a alma". Essas respostas são falsas. Não são falsas porque quem as disse está mentindo, mas porque essas não são as suas respostas. O que não é sua resposta é falso. Nós aprendemos o que somos com os livros, mas não sabemos nada sobre isso.

Não; para alcançar a realidade definitiva, teremos que perguntar, teremos que procurar – e no dia em que encontrarmos nossa resposta, ela será a resposta. Assim que temos nossa resposta, tudo muda. Uma coisa é quando um homem cego recupera sua própria visão, outra bem diferente é quando um homem cego ouve os outros falando sobre a luz e começa a repetir que a luz existe. Não há nenhuma relevância para que ele recupere sua visão.

Portanto, aqui perguntaremos: "Quem sou eu?". E não pode ser uma pergunta morta, sem vida, mecânica. Não pode ser assim, porque a questão deve penetrar camadas profundas dentro de nós.

Se você estiver perdido numa floresta em uma noite escura, totalmente sozinho, irá perguntar normalmente, calmamente, se há alguém ali sob as árvores: "Tem alguém aí?". Não, você não fará essa pergunta assim, sua pergunta virá de todo o seu ser: "Tem alguém aí?! Eu estou perdido!". Cada flor na floresta, cada colina, cada cume irá ecoar sua pergunta. Você colocará tudo de si nela.

Perder-se é muito mais que estar perdido na floresta. Afinal de contas, por quanto tempo você pode ficar perdido em uma floresta? Pela manhã, você vai voltar para casa. Mesmo sem perguntar, você vai encontrar o caminho de volta. O sol tem que nascer. Mas a floresta na qual estamos perdidos perpassa muitas vidas. Não sabemos por quantas vidas seguimos perdidos. Mas nós perguntamos tão absortamente se há uma saída, que parece que não estamos realmente interessados.

O questionamento tem que ser total, não pode ser apenas parcial, fragmentado, em pequenas doses e pedaços; tem que ser total. E esta é uma garantia: qualquer homem que pergunta com todas as suas forças pode obter a resposta no mesmo dia. Qual a necessidade de esperar até amanhã? Mas nós nunca perguntamos de verdade; nunca olhamos. Sempre esperamos a possibilidade de pegar a resposta emprestada em algum lugar.

Não! Na busca pela verdade, nada pode ser emprestado. Na busca pela alegria, não existe nada que possamos obter do outro – tem que ser nosso trabalho, nossa determinação, nosso poder. É isso que mede o quão autêntica é nossa procura, o quão merecedores somos da resposta. Só há um meio de avaliar nossa busca: se nos dedicarmos inteiramente a ela. Essa meditação tem apenas uma condição. Ela não pode ser gradual, nem lenta, nem rotineira, mas absoluta e total, como se a própria vida dependesse disso. É possível que não estejamos vivos no instante seguinte; é possível que, no momento seguinte, o ar não volte. Mesmo que isso ocorra, não poderemos dizer que retornamos sem nos conhecer. Nesse momento, estaremos no presente.

Mahavira[2] disse uma vez que nunca se sabe quando a brisa vai desmanchar uma gota de orvalho sobre a grama de manhã. A vida humana é assim: uma gota de orvalho sobre a grama, basta uma brisa leve e ela se desmancha. A vida humana é rodeada por tanta insegurança, tanta instabilidade, tanto perigo – não há garantia de que o instante seguinte irá existir. Mas, quando o homem parte em busca de si mesmo, ele vai como se não houvesse pressa, como se ele tivesse todo o tempo do mundo. Isso não pode mais ser assim.

Quando nós meditarmos aqui, durante esses três dias, espero que você se entregue por completo, com comprometimento total da respiração, das batidas do seu coração, do seu corpo, da sua mente. Quanto mais entregue você estiver, mais fundo conseguirá ir dentro de si mesmo. Quanto mais você se jogar, mais longe conseguirá ir. O que mais precisa ser feito? Não muito, é uma coisa bastante simples.

Ao sentarmos, todos devemos nos sentar confortavelmente com os dedos de ambas as mãos firmemente entrelaçados, para que toda a força do corpo seja posta na pergunta. A pressão das mãos indicará a intensidade com a qual a pergunta está sendo feita. As mãos podem ficar rígidas, endurecidas. Com os dez dedos entrelaçados no colo, sente-se confortavelmente. Então, fecharemos nossos olhos. Após fechar os olhos, toda a nossa atenção deve estar focada no ponto exato entre nossos olhos. Por que no centro? Nos próximos dias, tentarei explicar a razão para isso e qual resultado isso traz. Ambos os olhos estarão fechados, mas de forma que, mesmo com os olhos fechados, consigamos olhar para dentro de nós através do ponto entre eles. As mãos permanecem juntas, a coluna ereta, o corpo relaxado.

Primeiro, sente-se assim. Mãos entrelaçadas, coluna ereta. A coluna deve estar ereta porque, quanto mais reta estiver, mais vigorosa será a pergunta. Talvez você já tenha percebido que, quando se está animado ou entusiasmado, a coluna automaticamente se endireita. Você já notou que, durante uma briga, a

---

2. Mahavira, também conhecido como Vardhamana, foi o vigésimo quarto tirthankara que reviveu o jainismo. Ele expôs os ensinamentos espirituais, filosóficos e éticos dos tirthankaras anteriores à remota era pré-védica. (N. E.)

coluna de um homem jamais está curvada? Ela se endireita automaticamente. Quando sua vida depende disso, a coluna se endireita automaticamente.

Então, coluna ereta e mãos entrelaçadas. Essas mãos serão a medida do fervor com o qual a pergunta está sendo feita. Quanto maior a intensidade, mais rígidas estarão as mãos; será difícil abri-las. Elas ficarão totalmente cerradas, como se não tivessem forças para se abrirem novamente. E ambos os olhos estarão fechados, com a atenção focada no ponto central entre eles, o ponto no qual, entre os olhos, começa o nariz. Estarão voltados para o ponto no qual a ponte do nariz começa.

Então, mova-se dentro de si: lábios fechados e língua encostada no palato. Quando os lábios se fecham, a língua automaticamente se move até o palato, fechando completamente a boca. Não falaremos com a boca; agora, falaremos através da nossa energia vital interna. A pergunta é: "Quem sou eu?". Ela deve ser feita rapidamente, de modo que, entre duas perguntas, não sobre nenhum espaço: "Quem sou eu, quem sou eu, quem sou eu, quem sou eu?". Assim: tão vigorosa e intensamente que não sobrem forças no corpo.

É possível que o corpo comece a tremer. É possível que brotem lágrimas dos olhos, que você sinta vontade de chorar. Quando o corpo coloca todas as suas forças em algo, tudo isso pode acontecer. Não há necessidade de segurar nada. Deixe que o que estiver acontecendo, aconteça. Apenas se certifique de estar fazendo a pergunta – continue perguntando como se sua própria vida estivesse em jogo. "Eu vou perguntar e vou conhecer o que existe dentro de mim."

Faremos esse experimento por quinze minutos. Depois, nossa sessão de hoje estará finalizada.

Então, agora vamos todos nos sentar. Aqueles que estão em pé, por favor, sentem-se onde estiverem. Nada vai acontecer se vocês se sentarem. Mesmo que suas roupas se sujem um pouco, não tem problema. Vocês devem se sentar, pois se alguém ficar em pé, será um obstáculo aos outros. Portanto, por favor, sentem-se em silêncio onde estiverem. Ninguém deve falar. E certifiquem-se de que não estão atrapalhando ninguém.

Pronto, agora endireitem a coluna. Entrelacem as mãos. Fechem os olhos. Foquem toda a sua atenção entre os olhos, que permanecem fechados. Agora, tragam a atenção ao ponto que existe entre os olhos como se, com os olhos fechados, estivéssemos mirando esse ponto entre eles. Isso, lábios fechados. Agora, com muita intensidade, comecem a perguntar: "Quem sou eu? Quem sou eu?". Rápido, rápido, rápida e vigorosamente. Continuem perguntando com todas as suas forças: "Quem sou eu? Quem sou eu?". Sem ternura, e sim com toda a força, porque a pergunta irá mais fundo aí dentro dependendo da intensidade com a qual você perguntar.

Quem sou eu? Quem sou eu? Quem sou eu? Quem sou eu? Pergunte rapidamente, com todo o seu vigor, toda a sua intensidade. A pergunta vem a cada batida do seu coração, a cada respiração do seu corpo. As mãos permanecem grudadas, a coluna continua ereta. O corpo pode tremer, as lágrimas podem cair, mas coloque toda a sua força... Conforme a força aumenta, você se sentirá mais calmo. Um sentimento profundo de calma irá espalhar-se em você.

Quem sou eu? Quem sou eu? Quem sou eu? Não, não gradualmente, mas com toda a força. Quem sou eu? Quem sou eu?

Não me venham mais tarde dizendo que nada aconteceu. Com muita força...

Quem sou eu? Quem sou eu? Quem sou eu? Quem sou eu? Quem sou eu? Continuem perguntando; vão cada vez mais fundo, como se uma flecha os atingisse, cada vez mais fundo.

Quem sou eu? Quem sou eu? Quem sou eu? Deixem o corpo todo tremer... Quem sou eu? Usem toda a força... Quem sou eu? Quem sou eu? Quem sou eu? Quem sou eu? Quem sou eu? Quem sou eu? Quem sou eu? Quem sou eu? Quem sou eu?

Você sentirá uma paz profunda. Quem sou eu? Quem sou eu? Quem sou eu? Quem sou eu? Quem sou eu? Quem sou eu? Quem sou eu? Quem sou eu? Com toda a sua força, com todo o poder que você tem; deixe a tempestade acontecer. A criação por inteiro deve perguntar: "Quem sou eu?".

Tantas almas perguntando coletivamente e nenhum resultado? Quem sou eu? Quem sou eu? Quem sou eu? Com fervor... Deixe que aconteça o que tiver que acontecer.

Quem sou eu? Não se importe com mais ninguém, apenas consigo mesmo. Quem sou eu? Quem sou eu? Quem sou eu? Quem sou eu? A cada respiração, a cada batida do seu coração. Nada mais deve ser lembrado, exceto por essa pergunta: Quem sou eu?

◆ Quem sou eu? ◆

Quem sou eu? Quem sou eu? Cada vez mais profundo; uma profunda sensação de paz irá se espalhar. Quanto mais fervorosamente você perguntar, maior será a sensação de paz. Quanto mais intensamente você perguntar, maior será a sensação de calma.

Quem sou eu? Deixe a pergunta sacudir todo o seu ser, toda a sua vida está abalada: Quem sou eu? Como quando uma árvore agita-se tão violentamente, que até suas raízes se abalam. Quem sou eu? Quem sou eu? Quem sou eu? Eu tenho que descobrir, tenho que saber, tenho que alcançar... Quem sou eu? Quem sou eu? Quem sou eu?

Pergunte, pergunte, pergunte... Apenas uma pergunta deve permanecer; apenas essa pergunta deve permanecer: Quem sou eu? Quem sou eu? Quem sou eu? Quem sou eu? Quem sou eu? Perdido na escuridão, perguntando: Quem sou eu? Eu estou perdido, não sei nem quem sou. Quem sou eu? Tenho que saber, tenho que descobrir... Quem sou eu? Quem sou eu? Quem sou eu? Quem sou eu? Quem sou eu?

Mais cinco minutos, com toda a intensidade: Quem sou eu? Quem sou eu? Coloque toda a sua força. Quem sou eu? Com toda a força... Quem sou eu? Não poupe nada; não pode parecer que você está fazendo uma meia tentativa. Quem sou eu? Quem sou eu? Quem sou eu? Quem sou eu? Quem sou eu? Quem sou eu? Um soco na porta... Quem sou eu? Quem sou eu? Como se você estivesse batendo em uma porta fechada... Quem sou eu? Quem sou eu? Quem sou eu? Breu total... Quem sou eu? Quem sou eu?

Quanto mais rápido você perguntar, mais calma ficará a mente. Quem sou eu? Apenas um eco... Quem sou eu? Quem sou eu? Mais dois minutos, com toda a sua força, todo o seu vigor: Quem sou eu? Quem sou eu? Quem sou eu?

Mais um minuto: Quem sou eu? Quem sou eu? Quem sou eu? Quem sou eu?

A mente irá se acalmar e uma sensação profunda de paz se espalhará dentro de você, como o silêncio depois de uma tempestade. Quem sou eu? Quem sou eu? Quem sou eu? Quem sou eu?

Pela última vez: Quem sou eu? Quem sou eu? Quem sou eu? Só parem depois de atingirem o ápice. Quem sou eu? Quem sou eu? Quem sou eu? Quem sou eu? Quem sou eu? Quem sou eu?

◆ A busca pela paz ◆

Parem... Larguem tudo totalmente. Acalmem-se... Parem. Devagar, abram os olhos. Sentem-se em silêncio por um momento... Abram os olhos bem devagar, então, lentamente, desenlacem as mãos. Abram os olhos bem devagar...

Tenho que contar mais sobre três pequenos pontos, e assim que eu terminar, poderemos nos levantar.

O primeiro é que, quando eu me movimentar, ninguém deve tocar nos meus pés. Eu não sou guru de ninguém, e eu não acredito que alguém seja guru de outra pessoa ou seu discípulo. Portanto, ninguém deve tocar-me os pés. Eu também não sou nenhum santo ou mahatma[3]. O esforço de se tornar um santo ou um mahatma parece-me bastante infantil. Desse modo, não há nenhuma necessidade de tratar-me com reverência, admiração ou veneração. Vocês demonstram respeito suficiente para comigo quando ouvem atentamente àquilo que digo. Vocês não precisam nem aceitar tudo. Apenas pensem e experimentem... Se fizer sentido, permanecerá, se não fizer, sumirá.

O segundo ponto que eu queria dizer é: se alguém vier até mim, é da minha natureza retribuir com amor. Aqueles que têm medo do amor não devem chegar perto de mim. Minha condição é mais ou menos igual à de Platão...

◆

Platão havia envelhecido e, por toda a vida, ele acreditou que o amor era uma oração. Já velho, ele contraiu lepra[4]. Mesmo assim, quando as pessoas se aproximavam, ele as abraçava. As pessoas tinham muito medo. Quem queria ser abraçado por alguém com lepra? Assim, elas pararam de chegar perto dele. Platão começou a perguntar:

— Por que ninguém mais vem até mim?

Hesitantes, as pessoas ficavam quietas. Então, alguns amigos finalmente tomaram coragem e disseram:

— Seu corpo está afetado pela lepra, mas você segura as pessoas pela mão, as abraça e, às vezes, até as beija na testa. As pessoas têm medo de chegar perto de você.

---

3. Mahatma significa uma grande alma; seres humanos considerados perfeitos, também conhecidos como mestres, santos etc. (N. E.)

4. Em 1976, o Brasil adotou oficialmente o termo "hanseníase" para se referir à doença. Representa um esforço para combater e reduzir o preconceito contra os infectados. (N. E.)

◆ Quem sou eu? ◆

Platão respondeu:

— Ah sim, vivo me esquecendo de que também sou um corpo. Eu nem me lembro que meu corpo é leproso, agora.

Igualmente, tentem evitar chegar perto de mim, pois também me esqueço que sou um corpo. Eu também me esqueço que sou um corpo masculino. Não tem muito problema quando um homem chega perto de mim, mas quando uma mulher chega perto, vira um problema. Portanto, tenham cuidado e não cheguem perto de mim. É complicado para mim mudar minha natureza agora, mas vocês podem ser compreensivas e ficar longe de mim.

Quando cheguei aqui, soube que um membro do parlamento da cidade de Baroda havia feito algumas acusações a meu respeito. Ao ouvi-las, percebi que o que ele dizia estava correto...

◆

Uma moça havia vindo de Delhi. Ela era professora de alguma universidade e em nada menos inteligente do que o membro do parlamento. Ela veio até mim e, muito persuasiva, disse-me que seria muito afortunada se pudesse ficar comigo.

— Aguardo há anos na esperança de poder passar pelo menos dois dias com você.

Respondi:

— Você é maluca; você poderia ter vindo a qualquer momento.

Ela ficou comigo. Eu não sabia que sua permanência se tornaria um problema tão grande. Se alguém tivesse vindo até mim e me avisado que sua estadia causaria problemas, eu não teria nem ligado. Ou talvez tivesse dito: "Venha você também, fique comigo, durma aqui". Mas ninguém veio.

Eu saí para ir a uma reunião. No dia seguinte, essas pessoas despejaram todas as malas da moça. Quando voltei, eu a encontrei chorando. Ela disse:

— Fui grosseiramente insultada, e me foram ditas muitas barbaridades.

Eu respondi:

— Isso é muito estranho.

Então, meus amigos me disseram:

— Quando essa moça chegou, ela o abraçou. É muito incivilizado e é uma falta de caráter que uma moça o abrace.

◆ A busca pela paz ◆

Eu lhes disse que teria sido bem melhor se eles tivessem me falado isso, mas despejar todos os pertences da moça e dizer tais coisas a ela também era muito errado, muito grosseiro. E, quando voltei aqui, soube que eles haviam dado uma entrevista ao jornal sobre o incidente.

Por essa razão, pensei que deveria informá-los sobre isso. Eu não tenho uma lista de quem vem me procurar – homem ou mulher, não me importo. No futuro, será bastante complicado fazer esse controle. Portanto, é melhor ficar longe de mim.

Não é bom criar problemas com membros do parlamento, já que esses pobres oficiais estão tentando manter a ordem no país. É por causa deles que a moral desse país é de primeira linha; do contrário, ela já teria sido destruída. Nosso país pode vangloriar-se de tamanho caráter moral e obediência graças a eles. E pessoas como eu sempre ameaçarão a moral, portanto, é melhor ficarem longe desse tipo de gente!

◆

Assim, meu terceiro pedido é que seria muito bom se vocês me cumprimentassem apenas à distância. Mesmo em uma reunião particular comigo, por favor, pensem com cuidado. Em primeiro lugar, não há necessidade de tais reuniões, pois tudo o que tenho para dizer, digo aqui, então não há nada que deva ser questionado separadamente. Mas concordo que haja algumas questões que devam ser tratadas individualmente. Porém, os membros do parlamento não querem que ninguém fale comigo em particular. Se fosse limitado apenas aos homens, talvez fosse aceitável, mas se alguma mulher quiser me encontrar, aí criamos um grande problema. Assim, as mulheres definitivamente não devem vir me perguntar nada em particular. Mas isso não é culpa minha. Elas precisam entender que são culpadas por serem mulheres; a culpa é delas por terem nascido na Índia.

Quem quiser me encontrar em particular, deve pensar duas vezes e ter consciência de que está buscando um encontro com alguém cujo caráter é questionável. Então, por favor, pensem muito, muito bem antes de virem até mim, já que isso causa muitos problemas, dificuldades e confusão para as pessoas.

Um problema é sempre reflexo da nossa mentalidade; as dificuldades vêm da nossa mentalidade. Pessoas cuja consciência está

◆ Quem sou eu? ◆

repleta de malícia não verão nada além de malícia no mundo. Não é possível que elas vejam qualquer outra coisa. Dr. Ram Manobar Lohia escreveu um livro no qual fazia a seguinte pergunta...

Quando Buddha foi à cidade de Vaishali, a prostituta da cidade, chamada Amrapali, conhecida como "a noiva de Vaishali", jogou-se aos pés de Buddha e pediu-lhe que a iniciasse. Dr. Ram Manobar Lohia levantou a questão: quando Buddha viu aquela mulher tão linda, que tipo de pensamentos lhe vieram à cabeça? Que tipo de agitação ele sentiu?

É muito intrigante. Dr. Lohia quer saber que tipo de agitação e que tipo de pensamentos passaram pela cabeça de Buddha. Mas Dr. Lohia também era um membro do parlamento e, obviamente, oficiais como ele deviam se preocupar. Afinal, a moral do país depende deles.

Quando Vivekananda[5] veio à Índia, o fato de Irmã Nivedita tê-lo acompanhado a Bengala foi um problema. Um sannyasin[6] com uma mulher! Eles não tinham noção de que para o sannyasin não existem mais homens ou mulheres. Aquilo tornou-se um grande problema, uma questão bastante perturbadora e dificultosa.

Madalena, uma mulher, foi até Jesus, caiu a seus pés e os lavou com suas lágrimas. Daquele dia em diante, todos os problemas começaram. Para Jesus, aquilo tornou-se um grande problema. Por que ele autorizou que uma prostituta tocasse seus pés? Agora, para Jesus, pode alguém ser uma prostituta? Para Jesus, existe alguma diferença entre homem e mulher? Mas é claro que Jesus estava errado. Nosso parlamento é que sabe melhor do que ninguém o que é certo e errado. E os parlamentares daquela época crucificaram Jesus. Sócrates foi acusado de ser imoral e corromper os jovens.

Vivekananda era um homem jovem e bonito quando foi ter com Ramakrishna Paramhansa. Havia um boato de que

---

5. Swami Vivekananda (1869-1902) foi o principal discípulo de Ramakrishna e porta-voz mundial da Vedanta. Dotado de profunda espiritualidade e intelecto, foi o primeiro indiano a ser convidado para a cadeira de Filosofia Oriental da Universidade de Harvard, nos Estados Unidos. (N. E.)
6. Um sannyasin é alguém que aceitou a sua solidão. Sannyasin, de modo geral, se aplica a uma pessoa que abandona todo interesse por bens materiais, prazeres carnais, vida familiar e social, dedicando-se exclusivamente à libertação da mente das condições mundanas. (N. E.)

Ramakrishna amava garotos bonitos. Para a sorte de Ramakrishna, não havia parlamentares em Dakshineshwar, do contrário, ele teria aprendido o que é ter um problema de verdade!

Então, é apropriado. O parlamento não cometeu nenhum erro, eles fizeram a coisa certa, falaram as coisas certas, e eles não são culpados; eles precisam falar essas coisas. Eu lhes propus que falássemos em particular. Mas eles disseram não, não seria correto falar sobre essa questão em particular. Talvez agora eles mesmos concordem que isso deveria ter sido discutido no privado. Definitivamente, irei até Baroda nas eleições incitar o povo a votar neles, do contrário, a moral do país estará perdida. Continuem votando neles; ou não haverá esperanças para o progresso da moral neste país!

A consciência do país inteiro está manchada pela luxúria, e ainda assim nós falamos sobre moral. Essa obsessão pela luxúria está tão profundamente enraizada, que as pessoas não conseguem esquecer, nem por um segundo, quem é homem e quem é mulher; ficou impossível de esquecer. Mas são pessoas como eu que falam dessas coisas corruptivas; pessoas boas não falam sobre isso. As pessoas devem ter cuidado. Por que vir até mim? Não há necessidade nenhuma disso.

Também não há nenhuma necessidade de escrever-me cartas, pois escrevo respostas muito perturbadoras. Desse modo, meu terceiro pedido a vocês é: por favor, não me escrevam. Cartas de mulheres tornaram-se um grande problema. Se não as respondo, recebo outras anexando a primeira carta. E se eu de fato respondê-las, começam os problemas. Então, por favor, não me escrevam. O que quer que vocês queiram me perguntar, perguntem aqui.

Se alguém tiver que me encontrar e esse alguém for um homem, não tem problema, mas se for uma mulher, e especialmente se for jovem, é melhor trazer o pai junto para que ele atue como seu protetor. Mulheres maduras devem trazer os maridos para que as protejam. E se forem mais velhas, é melhor que tragam um filho, ele as protegerá. Mas nunca venham desacompanhadas. Não é certo virem desacompanhadas. Pois eu posso ser muito amável!

Himmatbhai Joshi está aqui; ele deve estar sentado em algum lugar. Sua esposa, Jassu, foi comigo para Indore. Colocaram-na em um quarto ao lado do meu.

◆ Quem sou eu? ◆

À noite, ela foi até meu quarto e disse:

— Vou dormir aqui no seu quarto.

Eu lhe respondi:

— É um quarto enorme, durma.

Nunca me ocorreu que eu estava pedindo a uma mulher que dormisse no meu quarto.

Certamente, também existe um parlamentar em Indore. Mas parece que o parlamentar de Indore dorme um sono pesado e não se preocupa com a moral. É por isso que o povo de Indore não deveria votar nele. Pois ele deveria estar ciente de quem dorme onde e quem faz o quê. E alguém dormiu ao lado de um homem corrupto como eu. Que vergonha! Mas falei à mulher que tudo bem. Ela dormiu. Ela deve ter ficado muito feliz. Foi mesmo uma sorte que nenhum parlamentar soube disso, do contrário, teria me causado um grande problema.

Essas pessoas são como... Muitas vezes, avistamos abutres voando no céu; não concluam, com isso, que os abutres estão no céu. Eles voam no céu, mas seus olhos estão no chão, em busca de carniça. O voo é no céu, mas os olhos estão nos pedaços de carne no chão sujo. Só porque eles voam no céu, não significa que estão ali. O foco deles é o chão, em lugares podres e imundos. Você está onde estão seus olhos. Estar no parlamento não faz diferença. Onde estão seus olhos? Mas não é culpa deles; esses pobres estão trabalhando para o bem público. Eles têm que fazer isso para benefício do público.

Assim, meu pedido é que não há necessidade de chegar perto de mim. E não há necessidade de criar nenhum laço afetivo comigo, porque eu não posso criar laços afetivos com ninguém. É errado; o amor por si só já é errado!

Então, esse é o meu terceiro pedido a vocês. Durante os próximos três dias, quaisquer dúvidas que vocês tiverem sobre algum assunto, discutam aqui, por favor, entreguem suas dúvidas a mim por escrito para que, no último dia, possamos analisá-las e discuti-las.

Sou muito grato por vocês ouvirem o que eu tinha a dizer com tanta paciência e amor. Finalmente, eu me curvo ao divino que está presente em todos nós. Por favor, aceitem meus cumprimentos.

2

Os sete chakras

Meus amados,

Antes de iniciarmos nossa jornada interior, é importante conhecermos o caminho que estamos tomando. É necessário compreender um pouco sobre as portas nas quais vamos bater e sobre as fechaduras que deveremos destrancar.

Viajantes que iniciam seus caminhos sem saber nada sobre a rota estão mais propensos a se perder que a alcançar seus destinos. Do lado de fora, podemos pelo menos ver as estradas, ao passo que, por dentro, o caminho não é visível. Fora há placas indicando onde a estrada vai dar; dentro não há placas, nem indicadores ou pontos de referência. É um território desconhecido – não existem mapas. Talvez por isso o homem se distraia muito mais em seu interior do que aqui fora. Na conversa de hoje, será importante compreender alguns pontos-chave sobre o caminho que leva para dentro de nós.

O primeiro ponto importante a entender é que o corpo físico que vemos é apenas a primeira camada de uma série de corpos. Dentro desse corpo há também outros corpos; o corpo que conhecemos não é o único. E assim que começarmos nossa jornada em nosso interior, teremos que passar pelas camadas desses outros corpos. Antes de alcançarmos nosso centro, teremos que passar por todas as camadas desses corpos.

Abaixo do corpo físico – esse que pode ser visto, composto por comida – está o corpo etéreo, a força vital. É importante entender um pouco sobre esse corpo etéreo, pois precisaremos passar por ele. Passar por algo sem compreendê-lo pode nos desviar, pode ser perigoso, pode nos machucar.

◆ A busca pela paz ◆

Como eu disse, abaixo do nosso corpo físico está esse corpo "elétrico" que pode ser chamado de força vital. É por causa dessa força vital que temos consciência de nosso corpo físico. Mesmo quando o físico se vai, o elétrico permanece. E mesmo após a morte, ele sobrevive por algumas horas e fica ávido por unir-se a um corpo físico.

Por essa razão, sociedades que possuem esse conhecimento queimam os cadáveres imediatamente após a morte; não preservam o corpo morto. Cadáveres são confiados às chamas devido às experiências profundas do corpo etéreo. Assim que é cremado, a atração da força vital pelo corpo físico desaparece. Do contrário, o corpo etéreo, junto à alma, vagará em torno do corpo físico morto. Há grandes chances de que isso aconteça.

A força vital que existe abaixo do corpo físico é extraordinária. Mesmo antes de sabermos qualquer coisa sobre eletricidade, meditadores já haviam descoberto a natureza elétrica do corpo. Essa é a razão pela qual, por milhares de anos, meditadores têm meditado sobre uma tábua de madeira, sobre a pele de um tigre ou cervo. Se, enquanto passamos pelo corpo elétrico, houver alguma possibilidade de a vida elétrica escapar do corpo físico, pode haver um grande dano, até a morte. Sabe-se disso, por experiência, há muito tempo.

Sabe-se também que a diferença entre um homem e uma mulher se deve a esse corpo elétrico. As diferenças que vemos no nível do corpo físico são brutas, as diferenças reais, e mais refinadas, estão no nível do corpo elétrico. A força vital masculina tem terminação positiva; a força vital feminina tem terminação negativa. A carga elétrica no corpo masculino é positiva, no corpo feminino é negativa. Essa é a razão pela qual os dois se atraem.

Mas, assim que alguém começa a entrar em estado meditativo, a carga da força vital que flui na direção do corpo físico começa a perder sua atração, sua agudeza, seu vigor e volta-se para dentro. Quando a força vital para de fluir em direção ao corpo físico e passa a fluir na direção das camadas interiores, nesse instante, aquele não é mais um mero homem ou mulher. Em sua consciência, não existe mais nenhuma questão de identificação em ser um homem ou uma mulher.

◆ Os sete chakras ◆

◆

Uma vez, Buddha passou alguns dias meditando próximo a uma montanha. Era noite, uma noite de lua cheia. Algumas pessoas da cidade haviam ido à floresta e levaram uma prostituta consigo para se divertirem, para brincarem, por prazer. Totalmente bêbados, eles começaram a dançar. Eles tiraram a roupa da prostituta. Ao perceber que eles estavam completamente bêbados, a mulher fugiu, nua. Quando os homens ficaram sóbrios, estavam confusos; começaram a procurar pela mulher, mas não a encontraram.

Não havia mais ninguém, exceto Buddha, naquela floresta. Ele estava sentado sob uma árvore, em meditação profunda. Os homens foram até Buddha, chacoalharam-no e disseram:

— Monge, certamente você deve ter visto uma mulher correndo por aqui; há pegadas na estrada. Ela estava nua, é uma prostituta. Queríamos lhe perguntar em qual direção ela foi.

Buddha respondeu:

— Com certeza alguém passou correndo por mim, mas não sei dizer se era uma mulher ou um homem. Se vocês tivessem vindo até mim dez anos atrás, eu lhes teria podido dizer. Mas desde que o homem em mim se retirou, tenho consciência de uma mulher aqui fora apenas se fizer um esforço, não espontaneamente. Eu não sei nem dizer se ela estava usando roupas ou não. Desde que eu perdi a noção de que há ou não roupas em meu corpo, a questão sobre se os outros estão vestidos ou não também desapareceu.

Buddha acrescentou:

— O que vemos por fora é reflexo daquilo que somos. Mas eu lhes pergunto, amigos, por que a estão procurando? Não seria melhor se, nesta noite quieta e enluarada, vocês tentassem encontrar a si próprios?

◆

Ninguém sabe se eles o ouviram ou não. Dizem – as pessoas estão sempre dizendo – "conhece-te a ti mesmo". Mas quem ouve? Estamos sempre correndo atrás de outras pessoas. Essa busca pelo outro – se entendemos corretamente – é uma busca para o corpo, que é a força vital. A força vital corpórea é incompleta; ela tem

A busca pela paz

carga positiva ou negativa. Está sempre procurando a outra que a completará. Por si só, é incompleta, uma metade. Essa metade do corpo procura a outra metade, deseja a parte que lhe falta. É por isso que a busca pelo outro continua.

A camada corporal elétrica que existe dentro de nós junta-se ao corpo físico em sete pontos. Existe um campo de contato em sete lugares, pontos de contato, e esses sete locais são conhecidos como chakras. O corpo elétrico toca o corpo físico, está em contato com ele em sete lugares diferentes. E é através desses pontos, da camada com a carga elétrica, que o corpo físico pega sua força, sua energia vital, a energia da vida.

É importante conhecer um pouco sobre os sete chakras, pois, assim que uma pessoa começa a entrar em estado meditativo – assim que a jornada interior começa –, ela tem que passar perto desses sete chakras. Consciente ou inconscientemente, ela terá que passar por eles. A experiência pessoal de cada um é um pouco diferente, pois para cada pessoa haverá um chakra ativo diferente.

É fundamental conhecer sobre os chakras, porque isso o ajudará muito a entender melhor sua personalidade e a compreender mais sobre si mesmo. Você será capaz de entender que tipo de pessoa é, qual é a sua natureza e, com essa compreensão, será mais fácil olhar para dentro. Quando entendemos que tipo de pessoa somos, também percebemos em que lugar estamos no momento presente. Temos que iniciar nossa jornada de onde estivermos. Como alguém que não sabe nem onde está poderá começar sua jornada? Não basta saber para onde queremos ir, é mais importante saber onde estamos agora. Para alcançarmos o lugar a que queremos chegar, teremos que partir de onde estivermos.

Os sete chakras são elementos extraordinários, os componentes mais misteriosos no corpo de alguém. Não se pode encontrá-los abrindo o corpo. É por isso que um médico dirá: "Que chakras? Onde estão os chakras? O corpo não possui nenhum chakra". O corpo físico realmente não possui nenhum chakra. Chakras referem-se ao outro corpo, interno, à força vital que toca o corpo físico em sete lugares. É por essas sete portas que o corpo físico pega sua energia, sua vida.

O primeiro chakra está localizado no ponto mais baixo das costas, na base da coluna. Este é um chakra extraordinário. Vamos falar mais sobre ele. O primeiro chakra é ali, e o último fica no topo da cabeça. Entre esses, há outros cinco chakras. O segundo fica perto da genitália, próximo aos órgãos sexuais. É este o chakra responsável pela vontade sexual, que influencia e ativa as sensações sexuais.

Em todas as partes do mundo, assim que uma pessoa passa a ter o mínimo de consciência, a primeira coisa que ela tenta fazer é encobrir sua genitália, pois o chakra age de tal modo que, se alguém olhar diretamente para ele, com olhar firme, é capaz de influenciá-lo. É por essa razão que os homens não têm nenhum problema em manter qualquer outra parte de seu corpo descoberta, mas sabem que é essencial cobrir esse importante chakra – seja com folhas, com roupas ou de qualquer outra forma.

O segundo chakra, que chamamos de centro do sexo, ou chakra do sexo, é o mais ativo dentro de uma pessoa, pois a natureza tem máxima necessidade disso. É através desse chakra que o corpo renasce, se reproduz. É através dele que o ser humano é preenchido pela urgência e pelo desejo de se reproduzir. Todo o processo de dar à luz a vida se deve a esse chakra.

Portanto, uma pessoa que vive apenas sob influência desse chakra, em quem esse chakra é o dominante, leva uma vida obcecada por sexo; não há nada além de luxúria em sua vida. Ela pode acumular dinheiro, ter fama ou alcançar uma posição de poder, mas essas coisas serão apenas meios de satisfazer-lhe a luxúria, sua gratificação sexual. Toda a sua vida estará focada ao redor disso.

Eu estava lendo a biografia de um autor bastante conhecido, um grande novelista, Anatole France. Já no final da vida, Anatole disse a um de seus amigos... Seu amigo havia perguntado o que ele considerava mais importante em sua vida. Anatole respondeu:

— Vou lhe dizer uma coisa que nunca disse a ninguém: a coisa mais importante em minha vida foi a luxúria, o sexo.

O amigo foi pego de surpresa. Respondeu:

— Você é um grande novelista, um autor conhecido. Eu sempre achei que a literatura, a arte, a música seriam vitais na sua vida.

Ele replicou:

— Elas eram todas secundárias, meros disfarces.

Se quisermos conhecer nossa personalidade mais a fundo, então temos que investigar qual é o nosso centro, onde nós vivemos de verdade. É o centro da nossa persona que nos indicará qual é o chakra mais ativo e mais importante em nosso corpo. E tenham em mente que é através do chakra mais significativo que enxergamos toda a nossa vida; não somos capazes de entender nada à parte.

◆

Em Khajuraho existem escultores. Um artista muito conhecido da América veio conhecê-los. Um dos meus amigos era ministro da Educação de Vindhya Pradesh, e o governo central o havia instruído a mostrar as esculturas ao artista americano. Meu amigo estava muito nervoso porque havia muitas esculturas de corpos nus, muitas esculturas obscenas. O artista americano ficaria chocado. O que ele iria pensar sobre a cultura indiana? O que ele pensaria sobre o nosso povo? E tais estátuas foram descobertas nos templos – estátuas mostrando relações sexuais.

Ele estava muito tenso, mas não havia saída; as ordens vieram de cima. Então, meu amigo tinha que ir com o artista americano até Khajuraho. Trêmulo, com o coração cheio de medo, ele mostrou todas as esculturas, receando a todo momento que ele lhe perguntasse: "Essas esculturas são realmente a representação da cultura de vocês? Esses são os seus templos... logo vocês, que se dizem espirituais?".

Mas o artista estava tão envolvido com as esculturas, que não disse uma palavra. Meu amigo, no entanto, ficou repetindo que as estátuas não representavam nossa cultura, não simbolizavam nossas tradições; que algumas pessoas equivocadas construíram os templos sob más influências.

Quando eles terminaram, o artista agradeceu a meu amigo profusamente. No entanto, ele ainda estava bastante nervoso. Disse:

— Quando você voltar para a América, por favor, não conte a ninguém que temos templos com estátuas tão obscenas.

O homem respondeu:

— Estátuas obscenas? O que você está dizendo? Terei que voltar e vê-las novamente. Eu nunca vi esculturas tão lindas, nunca vi imagens tão divinas.

Então, ele acrescentou:

— Vamos voltar lá, pois você tem mais conhecimento que eu. Se você diz que as estátuas são obscenas, então vou ter que voltar lá, porque o que eu acabei de ver... Eu nunca vi figuras tão divinas.

◆ Os sete chakras ◆

◆

Nós vemos apenas aquilo que somos capazes de ver. Nós não vemos o que existe. O que somos capazes de ver é tudo o que podemos ver; tudo o que vemos na vida é apenas nossa própria projeção. Nós vemos lá fora o que está em nós. Para um homem cheio de luxúria, todos os objetos do mundo parecem cheios de luxúria. Para um homem cheio do divino, o mundo todo parece divino. Para um homem cheio de raiva, todas as pessoas parecerão bravas. Para um amante, o mundo todo parece cheio de amor. Nós vemos o que somos.

Todo o mundo exterior é apenas uma projeção daquilo que somos por dentro. O mundo é como uma tela na qual vemos tudo o que está escondido em nós. Assim, se alguém visualiza apenas sexo e paixão ao seu redor, significa que o centro do sexo é o mais ativo em sua personalidade. É assim porque a natureza precisa que seja assim. A natureza não precisa de outro centro tanto quanto precisa do seu centro sexual; é apenas por meio dele que se pode criar uma nova vida.

Nos animais, só há vida nesse centro, nenhum dos outros centros estarão ativados. Na maioria dos homens também é assim, mas os outros centros podem ser energizados. E tenham em mente que, enquanto o centro sexual está ativo, não há diferença qualitativa entre nós e os animais. Existe uma diferença potencial: nossos outros centros podem se tornar vivos e ativos – mas não estão.

Normalmente, os homens vivem apenas naquele centro. Revisem a história da humanidade, e verão que noventa e nove por cento da literatura gira em torno da luxúria, em torno do sexo. Isso é surpreendente! Olhe para qualquer pintura, escolha qualquer estátua, assista a qualquer filme, leia qualquer poesia e você vai se perguntar por que noventa e nove por cento da energia humana gira em torno do sexo. Certamente, há uma razão.

O centro do sexo é o único centro que está totalmente ativo. E lembre-se: quando se pratica o celibato, há algumas técnicas para inativar o centro sexual. Ao desativá-lo, pensamentos passionais e sexuais desaparecem da vida da pessoa como se nunca tivessem existido. É como desligar uma lâmpada. Quando ela se apaga, a luz desaparece como se nunca tivesse existido, pois o contato foi interrompido no ponto de onde a corrente estava fluindo. A prática do celibato não significa que alguém precise apenas sentar-se com os olhos fechados: o princípio científico mais importante por trás do celibato é inativar o centro do sexo, e há meios, métodos e técnicas para alcançar isso.

Há séculos, rapazes com até vinte e cinco anos eram treinados a praticar o celibato. A razão para isso não era o fato de que, na época, não havia filmes para que eles assistissem. Também não era porque os homens não podiam ver as mulheres, e as mulheres os homens. Tampouco era porque eles haviam feito um voto – não havia razões desse tipo. Existia uma base científica para a prática. Pode-se adormecer o centro e, assim que ele é inativado, a urgência sexual desaparece. A pessoa não tem nem consciência dele até que seja reaberto e desperte novamente.

Cerca de três em cada cem pessoas nascem com o centro sexual fraco ou passivo. Portanto, esses três por cento da população não compreendem para que tanto barulho. Por que as pessoas estão tão malucas? Por que elas estão tão obcecadas? Tudo vai muito além da sua compreensão, da sua imaginação.

Nas crianças, o centro sexual não está ativo. Ele começa a avivar-se gradualmente. Quando completam catorze anos, o centro já está totalmente energizado. Se o centro não estiver ativo, não pode haver consciência sobre ele.

Na sua consciência pode estar absolutamente claro se o centro está excessivamente ativo ou não. Se ele for predominante, então, antes e após meditar, você deve repetir mentalmente para que o centro se torne menos ativo. Antes e depois da meditação, foque a atenção nesse centro e sugira mentalmente que ele fique menos vigoroso. Depois de alguns dias, você sentirá uma mudança qualitativa começar a acontecer.

Acima dele, está o terceiro centro – o chakra manipura, o chakra umbilical. Este é o centro do medo e apreensão. Assim como a genitália reage no centro sexual, você já deve ter notado que, sempre que está com medo, há uma sensação peculiar, um incômodo perto do umbigo – no manipura, o centro do medo.

Se você estiver dirigindo e sofrer um acidente, o choque que sentirá em seu corpo será no umbigo, em nenhum outro lugar. Se alguém atacá-lo com um punhal no peito, novamente, o maior

♦ Os sete chakras ♦

choque será na área do umbigo. A área em torno do umbigo forma o centro do medo. É por isso que, em casos de medo extremo, a pessoa pode perder o controle sobre a bexiga e o intestino; não há nenhuma outra razão para que isso aconteça. O chakra manipura, o centro do medo, torna-se tão ativo, que é preciso limpar o estômago; do contrário, ele não consegue ativar-se plenamente.

É extremamente importante, para aqueles cujo centro do medo é muito ativo, que tenham mais consciência de seu manipura. É por esse motivo que, em tempos remotos, quando as pessoas eram treinadas para a guerra, havia um grande foco em fortalecer a área ao redor do umbigo. É lá que sentimos o medo. Ele não se apega a nenhum outro lugar. O medo nunca vai vencê-lo pela cabeça. Sempre que o medo lhe vencer, será na região do estômago. As mulheres estão mais propensas ao medo. A única razão para isso é que, na região do estômago, as mulheres possuem o útero, onde o feto se desenvolve, por isso a área em volta do manipura fica cada vez mais enfraquecida.

No que diz respeito ao medo, não há outras diferenças entre homens e mulheres. Como as mulheres no Ocidente se recusam a produzir filhos, seu medo vai diminuindo. Se todas as mulheres se recusassem a produzir filhos, sua condição seria quase igual à dos homens. É por isso que, no mundo todo, nas sociedades em que as mulheres estão lutando por direitos iguais, elas rejeitam a maternidade. Não é possível ser como um homem enquanto o processo de ser mãe ainda estiver em curso. A possibilidade de ser mãe enche toda a personalidade de medo. O chakra manipura é o centro do medo.

Quando você está com medo, sua digestão é afetada. A preocupação afeta a digestão – a preocupação e o medo. Há muita ansiedade e medo no mundo de hoje. Não há outra razão para o surgimento da úlcera. Os sistemas no estômago, o sistema digestório inteiro, irão deteriorar-se progressivamente e ficar desordenados quanto mais a pessoa estiver com medo, preocupada e ansiosa. É importante lembrar que aqueles cujo centro sexual for vigoroso irão seguir uma tradição ou religião governadas, de certa forma, pela indulgência sexual. Os símbolos das religiões mais antigas são sexuais, fálicos, *in natura*, como a Lingam de Shiva, de Shankar. Na Grécia, Roma, Egito, Mesopotâmia ou

Moenjodaro, as esculturas e imagens mais antigas são falos *in natura*, símbolos de órgãos sexuais. Parece que, há vinte mil anos, quando a civilização ainda não havia se desenvolvido muito para além dos animais, até o poder máximo era representado por ícones sexuais. Era este o centro mais ativo, mais vivaz.

Quando o homem se desenvolveu um pouco mais e avançou para além desse centro, para além da luxúria, e começou a pensar em outras coisas, uma nova imagem do poder supremo se formou: um poder a ser temido. No Velho Testamento, como nas escrituras de muitas outras religiões antigas, as imagens desse poder máximo são de dar medo, aterrorizar. Parece que o segundo centro do homem, o centro do medo, trouxe à tona um poder supremo aterrorizante.

Se o homem rezando no templo com as mãos juntas – o homem curvando a cabeça aos pés do poder supremo, tremendo e rogando "Oh, Deus, salve-me, por favor!" – prestar um pouco de atenção, ele perceberá que, no momento da oração, o seu chakra manipura é o mais vivo. Conforme o mundo se torna mais educado, conforme o elemento do medo recua, as religiões baseadas, sobretudo, na oração e na súplica vão começar a desaparecer aos poucos, pois essas religiões se formaram e se desenvolveram a partir do chakra manipura. Se esse centro estiver fortalecido, elas irão desaparecer.

As mulheres visitam mais os templos do que os homens. Não há outra razão para isso a não ser o fato de que, nas mulheres, o chakra manipura é mais fraco. Para cada homem que você vê no templo, existem quatro mulheres. Todos os templos funcionam devido às mulheres. O poder máximo que gera medo apela a elas, parece significativo para elas.

Para uma pessoa cuja vida é repleta de medo, faz-se necessário que ele cuidadosamente tente alguns experimentos com seu chakra manipura. Para fortalecer esse chakra, deve-se dar algumas sugestões nessa direção. E é impressionante, já que esses centros são centros vitais – carregando carga elétrica –, que eles possam ser transformados por meras sugestões. Não é preciso fazer nada além disso.

A seguir, o quarto centro, o centro do coração ou o chakra do coração. Esse é o centro do anseio, do apego, o centro do desejo. As pessoas sob a influência desse centro vão, de uma forma ou de outra, ser iniciadas em uma religião governada pela devoção, uma religião na qual uma pessoa pode ser possuída pelo apego e pelo desejo. É importante entender esse chakra. É vital entender o que esse chakra é capaz de fazer, pois é um chakra muito ativo.

No Oriente, ele é um chakra muito ativo; nos países ocidentais, é menos. É por isso que a estrutura familiar no Ocidente está começando a desmoronar. A separação das famílias no Ocidente não será contida enquanto não houver uma forma científica envolvida no intuito de a fortalecer o chakra do coração. Lá, as famílias continuarão se separando porque o centro do apego ruiu – ou está ruindo – e tornou-se fraco ou inativo. Mesmo nos países orientais, isso já começou a acontecer.

É preciso lembrar também que esse centro é mais ativo nas mulheres que nos homens. É por isso que quem cria a família é a mulher, não o homem. Não pense que quem criou a instituição da família foi o homem. O homem não pode criar uma família. Na verdade, a família existe apesar do homem; o homem está sempre procurando uma forma de escapar da família, ele quer fugir dela. Seu centro de apego não é muito poderoso.

A civilização inteira foi desenvolvida pela mulher. A família e o lar são criações dela. Desde o início, o homem tem sido cigano, nômade. Ele vaga e é feliz; quanto mais ele vagar, mais feliz será. A mulher deseja ater-se a um lugar e se estabelecer. Para ela, ficar vagando é muito difícil, uma vez que não é o que seu coração deseja. Ela precisa unir-se a algo – um pedaço de terra, uma casa onde ela possa se estabelecer. Por essa razão, a família, qualquer tipo de família, nunca tem o homem como membro central, ele é sempre periférico; o centro é a mulher. É fundamental focar no chakra do apego para perceber se ele é dominante na sua vida ou não.

Agora, eu estou apenas explicando a função de cada centro. Mais tarde, vamos explorar como usá-los de outras formas. Depois desse, vem o centro laríngeo. Esse chakra é a fonte da fala e do pensamento. Pessoas nas quais este é o centro dominante passam a vida toda discutindo e contemplando. Não lhes é possível fazer nada além disso. Praticar o silêncio é uma técnica que ajuda o centro laríngeo a ficar menos vigoroso, menos dominante.

◆ A busca pela paz ◆

Então, temos o que eu havia mencionado a vocês ontem quando falávamos sobre meditação: entre os olhos existe o sexto centro – o chakra do terceiro olho. Esse é um chakra muito importante, pois é através dele que o homem transforma, ou pode transformar, toda a sua personalidade. Mas nosso chakra do terceiro olho é tão fraco, que não somos capazes de dar qualquer comando.

À noite, uma pessoa pode decidir acordar no dia seguinte às quatro da manhã. Às quatro horas do dia seguinte, ela se vê dizendo:

— Hoje não, está muito frio, deixa para amanhã.

Ao acordar mais tarde naquela manhã, ela se arrepende e diz:

— Eu tinha decidido acordar hoje às quatro da manhã. O que aconteceu? Prometo que vou acordar amanhã sem falta; não vou esquecer.

Vem a noite e, às quatro horas do dia seguinte, novamente ela começa a se dizer:

— Não, hoje não, deixa para amanhã.

E ela se arrepende novamente. O que está acontecendo? A pessoa faz promessas a si mesma e não consegue cumpri-las. Ela decide fazer algo e não o faz. Qual a razão por trás disso tudo? Há apenas uma: nosso chakra do terceiro olho – o centro da nossa vontade, responsável por nossas resoluções – está muito fraco, muito inativo, quase inexistente.

Ontem eu lhes disse que, enquanto meditassem, mantivessem a atenção no ponto entre os olhos, nesse centro. Quando sua atenção está focada ali, o que quer que você decida fazer entrará em sua consciência com firmeza, profundamente. Se você mantiver seu foco precisamente ali, será capaz de fazer tudo o que decidir. Você já deve ter percebido que, sempre que precisa decidir algo, ou chegar a alguma conclusão, forma-se uma pressão entre os olhos. Sempre que uma decisão importante precisa ser tomada, quando você precisa decidir o que fazer, sentirá uma pressão exatamente nesse lugar que estou falando: no ponto entre os olhos. Todas as decisões vêm daí, todas as diretrizes vêm daí. Alguém capaz de fazer resoluções a partir desse centro descobrirá que suas resoluções serão postas em prática. As decisões tomadas aqui sairão do papel, e a transformação que se deseja fazer com a sua personalidade começará a se efetivar.

É muito estranho: conseguir mudar algo em nossa personalidade é mais uma questão de decisão do que de esforço. Determinação é o segredo para a transformação da nossa personalidade, e não o trabalho. Mas a resolução deve ser total, e isso não se origina de outra parte do nosso corpo senão o chakra do terceiro olho. Por isso, todas as práticas de meditação estão centradas em, ou em volta do chakra do terceiro olho, pois é a partir dali que se pode entrar em estado meditativo e avançar profundamente dentro de si.

Se vocês fossem perguntar algo aos homens das tribos africanas, ou aos bosquímanos australianos, ou às tribos indígenas que vivem na Amazônia, vocês ficariam surpresos com a resposta deles. Quando esses povos souberam que, em outras partes do mundo, as pessoas pensavam com a cabeça, eles morreram de rir. Eles disseram:

— Ninguém pode pensar com a cabeça, nós pensamos com o estômago.

Um homem tribal realmente pensa com o estômago. Ele pensa com o umbigo, com o chakra manipura. Eles não se desenvolveram muito além do estado primitivo.

Por centenas de anos, milhares de pessoas acreditavam que o pensamento acontecia na barriga – no estômago –, e não na cabeça. Mesmo entre nós, há poucos que pensam com a cabeça. Aqueles que creem sempre pensam com a barriga, nunca com a cabeça, pois para crer não é preciso pensamento. Portanto, para aquele que crê, os chakras superiores não se desenvolvem; apenas os chakras inferiores são ativados.

Por isso, protesto contra a fé cega em alguém, pois, até que se consiga pensar por si mesmo, os chakras superiores de uma pessoa nunca irão se desenvolver. Se esses chakras não se desenvolverem, a pessoa passa a ser como uma folha vagando aqui e ali ao sabor do vento. Ela não possui nada realmente seu: nenhuma vontade, resolução, estabilidade. Está apenas seguindo alguém. Ninguém causa mais danos ao homem que os políticos. Todos os políticos do mundo dão ordens e dizem que você só precisa obedecê-los. Líderes religiosos dão instruções e dizem ao povo para segui-las. O terceiro olho nunca tem a oportunidade de se desenvolver.

A humanidade está em um estado miserável, e o maior motivo por esse estado lamentável é que só lhe são dadas diretrizes, nunca uma chance para que seu pensamento se desenvolva. Começamos cedo dando instruções às crianças – faça isso, não faça aquilo. Nunca nos preocupamos com o desenvolvimento de seu próprio processo de pensamento, sua tomada de decisões, seu julgamento. Nessas crianças, o chakra do terceiro olho nunca amadurece, permanece incompleto, e se o chakra do terceiro olho de uma pessoa não se desenvolve, sua personalidade não consegue amadurecer.

Apressamos as crianças a se tornarem isso ou aquilo e esquecemos que elas não conseguirão se tornar nem uma coisa nem outra. Elas são capazes, mas para fazer acontecer, têm que prestar atenção aos chakras responsáveis pela transformação e pelo desenvolvimento da personalidade. Pais que sabem disso, professores que sabem disso se empenharão para ajudar a desenvolver o chakra do terceiro olho. Atualmente, a educação é bastante deficiente, irrelevante, pois não é baseada na exploração de nenhuma verdade fundamental sobre o homem; não se dá nenhuma atenção a isso.

Se conseguirmos desenvolver o chakra do terceiro olho nas crianças, construir sua determinação até que chegue a hora de irem para a universidade, poderemos transformar o mundo inteiro. Um mundo novo, um novo homem irá nascer. Um poderoso, que faz o que pensa, que pode fazer o que pensa. Um homem de coragem, destemido e valente. No entanto, isso não ocorre conosco porque, em nós, o chakra do qual todas essas qualidades emergem está dormente, inativo.

Gurdjieff, morto há muitos anos, foi um filósofo russo extraordinário. Ele costumava fazer um pequeno experimento com seus meditadores. O nome do experimento era "Exercício do Pare", no qual ele pedia a seus alunos que apenas parassem o que estivessem fazendo. Estamos aqui sentados. Se Gurdjieff fosse fazer seu experimento, ele diria: "Quando eu disser 'Pare!', todos devem parar e congelar do jeito que estiverem. Se você tiver aberto sua boca para fazer alguma pergunta, não poderá fechá-la, deixe-a aberta. Se tiver levantado um pé para andar, não se mexa, deixe seu pé flutuando, independentemente de você cair ou morrer". Por quê? Que tipo de exercício maluco é esse? O que significa? Mas aqueles que fizeram esse experimento com Gurdjieff se transformaram. Eles disseram que ficaram pasmos com a maneira como um simples experimento pôde trazer uma mudança tão radical.

É preciso muita coragem para fazê-lo. Você vai tentar se enganar: "Tem alguém olhando para mim? Meu pé está muito alto e dói; deixe-me abaixá-lo um pouquinho". Se abaixar o seu pé e colocá-lo no chão, não machucará ninguém, mas o chakra aí dentro – cujo desenvolvimento é o objetivo do exercício – irá permanecer o mesmo, e o exercício terá sido inútil. Mas, se você for determinado e mantiver a postura: olhos abertos, se estavam abertos, sem piscar; mão para cima, se estava para cima; boca aberta, se ela estava aberta; uma perna levantada, se ela estava levantada; cintura curvada, se estava curvada, nenhum movimento... Sim, será bem doloroso, mas quem faz isso está ordenando a si próprio, está fortalecendo sua vontade e determinação.

◆

Gurdjieff hospedou-se certa vez em Tiblíssi, então cidade russa, com trinta amigos. Ele os levara lá para meditar. Havia os instruído que, por trinta dias seguidos, não fizessem nada além do exercício do pare.

— Sempre que eu gritar "Pare!" vocês têm que parar onde estiverem. Se alguém estiver tomando banho, deve parar ali; se alguém estiver comendo, deve parar ali. O que estiver fazendo, você deve congelar como se tivesse virado uma estátua.

Nas redondezas, próximo ao local onde eles haviam armado acampamento, havia um córrego. Esse córrego geralmente estava seco, e apenas ocasionalmente enchia-se de água. Pela manhã, os trinta homens passeavam nas proximidades. Três deles estavam atravessando o córrego. Ele estava seco, totalmente sem água. De repente, Gurdjieff gritou:

— Pare!

Todos congelaram, inclusive os três homens.

Nesse momento, Gurdjieff ainda estava dentro de sua tenda, alguém soltou a água e ela foi inundando o córrego. Ela subiu até a cintura dos homens, depois, até o pescoço. Quando a água começou a passar do pescoço, um dos homens pulou para fora do córrego. Ele disse:

— Ele não sabe o que está acontecendo. Ele está sentado em sua tenda e nossas vidas estão em perigo aqui. — E saiu.

Não percebeu que havia perdido uma oportunidade. Quando seu corpo todo estava ansiando sair do córrego, sua determinação poderia ter dito:

— Não, não vou me mexer! Estou disposto a colocar minha vida em risco, não vou vacilar.

O chakra que até então esteve dormente poderia ter despertado. Um choque, um tranco e teria ligado. Mas ele perdeu a oportunidade; pulou fora. A maioria das pessoas pularia fora. Mesmo você teria pulado fora se estivesse no lugar dele. Não foi errado.

Agora restavam dois homens. A água subiu-lhes até a boca. Quando a água alcançou o nariz, o segundo homem julgou que agora estava muito perigoso e saiu do córrego. Mas o terceiro homem aguentou firme. Ele não era cego, podia ver o perigo. Sua vida estava em jogo; a morte o encarava. A água encobriu-lhe a cabeça. Mas ele disse a si mesmo:

— Aconteça o que tiver que acontecer. Estou determinado; que seja.

Gurdjieff correu para fora de sua tenda como que possuído. A água havia sido liberada no córrego intencionalmente. Ele pulou na água e arrastou o homem para fora. O homem havia se transformado. Gurdjieff disse:

— A oportunidade surgiu e dois de seus colegas deixaram-na passar. Mas, mesmo sob tanta pressão, quando a morte o encarou, você decidiu não vacilar.

◆

O que mais era preciso para que o chakra despertasse? Ele despertou. O homem havia se transformado. A partir dali, tudo o que esse homem desejar, acontecerá. Se ele disser a seus pensamentos que parem, os pensamentos não poderão se mover dentro dele. Se ele instruir sua respiração a parar, a respiração não virá. Se ele disser que cairá morto neste instante, vocês o verão morto. Agora, tudo o que esse homem quiser para si, acontecerá.

◆

Há cerca de trezentos anos, na Índia do Sul, o sexagésimo aniversário de um músico bastante conhecido estava sendo celebrado com grande pompa. Ele tinha muitos amigos importantes, muitos alunos famosos, e conhecia muitos príncipes e reis renomados. Todos eles haviam se unido e aprontado a celebração. Milhares de seus alunos trouxeram presentes.

Um pobre mendigo, que ganhava a vida tocando um instrumento de cordas mendigando pelas ruas, também havia sido seu aluno.

O homem não tinha nada de seu. Metade da noite já havia passado, e as pessoas estavam indo embora após entregarem seus presentes.

O pedinte foi até a porta e disse ao guarda:

— Deixe-me entrar; quero dar um presente ao meu professor.

Mas os guardas viram que ele estava de mãos vazias, com as roupas em frangalhos. O guarda respondeu:

— Vejo que você não está trazendo nada.

O homem replicou:

— Mas eu estou aqui.

O guarda pensou que ele fosse meio louco, mas decidiu deixá-lo passar.

Ele entrou. Todas as pessoas estavam de saída; a casa toda estava adornada com presentes que valiam milhões de rúpias. O mendigo foi até seu guru, curvou a cabeça a seus pés e disse:

— Eu também lhe trago um presente. Você irá aceitá-lo?

O professor viu que ele não trazia nada nas mãos. Ele disse:

— Mas eu não vejo nenhum presente.

O mendigo retrucou:

— Eu estou aqui.

Com as mãos juntas, ele rezou:

— Oh, poder divino, eu não tenho nada para dar ao meu guru. Deixe que minha vida seja o meu presente.

Com essas palavras, ele parou de respirar e caiu morto.

◆

Que tipo de homem era esse? Ele apenas proferiu as palavras "Minha vida...".

Quantas vezes você já disse a bênção híndi "Meri umar aapko mil jaye – que meus anos sejam adicionados à sua vida"? Não aconteceu de fato. Você sabe disso, assim como o outro também. Mas se o seu chakra do terceiro olho estiver ativado, você não deve proferir essas palavras, nem sem querer. Dizem que os santos nunca falam nada de ruim sobre alguém. Não que eles não possam dizer tais coisas. Eles poderiam contar coisas negativas, mas seria perigoso. Tudo o que vier de alguém com tanta determinação pode se tornar realidade. Um pensamento vindo de alguém com grande determinação é muito vivaz. Ele carrega uma energia excepcional, um poder único.

◆ A busca pela paz ◆

Nós dizemos frequentemente às pessoas que a mente não permanece quieta. Testamos várias coisas, várias técnicas, mas a mente continua perturbada, sempre ativa. E será sempre assim, pois você não tem consciência de que pode instruir sua mente a aquietar-se – e ela terá que parar. Claro que esse cessar deve vir com energia considerável.

Eu ouvi um incidente sobre Jesus...

◆

Jesus, juntamente a dois amigos, estava em um barco num lago. De repente, uma tempestade violenta se aproximou, Jesus estava dormindo em um canto. Seu amigo o sacudiu e disse:

— O barco está quase afundando, estamos em perigo e você ainda está dormindo.

Jesus respondeu:

— Deixe-me dormir um pouco mais. Fiquei acordado até tarde ontem à noite e estou cansado. Se houver perigo, lidem com ele.

Mas o barco estava prestes a afundar. Os amigos vieram novamente, estavam furiosos. Lá estavam eles, à beira da morte, quase se afogando, e aquele homem continuava dormindo.

Eles acordaram Jesus. Jesus disse:

— Vão e digam ao lago que se acalme.

Eles responderam:

— Você enlouqueceu? Pode um lago obedecer alguém?

Jesus disse:

— Se as águas dentro de você o obedecem, então as águas que estão fora também podem obedecê-lo.

Se você não tiver nenhuma fé, nenhuma crença no lago que há aí dentro, o que pode dizer ao lago aqui fora? É uma linda história.

Jesus falou para o lago:

— Fique em silêncio, acalme-se.

E dizem que o lago se acalmou, a tempestade foi-se embora.

◆

Se o lago do lado de fora ficou calmo ou não, não é a questão. Mas posso assegurar-lhes sobre o lago interior. Se a determinação for desenvolvida internamente, você olha para dentro e diz "Basta", e então um silêncio profundo irá espalhar-se em você, como se não tivesse havido turbulência, nem nunca houvera.

Mas todo o tempo estamos chorando, gritando: pratique a tolerância, reze, recite mantras sagrados! – e várias outras coisas. Nada acontece; e nem acontecerá. Mas pode, se ativarmos um único chakra, se desenvolvermos nossa vontade e resolução. Mas isso não ocorre, não fazemos isso. E aí reclamamos que nada está adiantando, nada está acontecendo. O que quer que a gente queira, não sairá de lugar algum exceto desse chakra.

É por isso que, durante a meditação, temos que ter atenção especial a esse chakra. E é maravilhoso que, quanto maior o foco nele, mais depressa ele desperta. O segredo para ativá-lo é manter nossa atenção nele, nosso foco nele. O chakra em que focarmos será aquele a se tornar ativo.

Talvez você não saiba que, se colocar os dedos no seu pulso e contar as batidas, e então contá-las de novo com toda a sua atenção no pulso, verá que o número de batidas aumentou. Apenas um pouquinho mais de atenção e a velocidade aumentou. Sente-se e foque toda a atenção na sua respiração e verá que a respiração se torna mais profunda.

No caso dos chakras é ainda mais estranho: o chakra em que você focar será o ativado. A atenção é o alimento dos chakras, seu combustível. É como encher o tanque do carro com gasolina. Embora eu tenha ouvido um certo caso!

Que aconteceu...

◆

Um homem foi a uma concessionária da Ford para comprar um carro. O gerente pegou o carro do qual o homem havia gostado para darem uma volta com o motorista da loja. Depois de uns dez quilômetros, o carro de repente estremeceu e parou. O cliente ficou muito espantado e disse:

— É muito estranho que o carro tenha parado de repente depois de apenas dez quilômetros. Assim não vai dar.

O gerente perguntou ao motorista:

— Por favor, confirme. Você colocou gasolina no carro antes de sairmos ou saiu sem olhar?

O motorista respondeu:

— Eu me esqueci totalmente de colocar gasolina. É um carro novíssimo. Está sem combustível, nunca colocamos.

O cliente, surpreso, perguntou:

— Então como ele andou dez quilômetros?

O gerente então respondeu:

— Ele só pôde ir tão longe em nome de Ford.

◆

Talvez carros funcionem desse modo, mas nomes não bastam aos chakras. Aqui precisamos fazer algo a mais. Eles precisam de combustível, e somente um tipo de combustível. No mundo da consciência, o único combustível, a única força é o foco total. Por isso eu disse que, enquanto vocês se perguntavam rapidamente "Quem sou eu?", toda a sua atenção deveria estar no chakra do terceiro olho – então vocês o experimentariam.

Hoje, por quinze minutos, tentaremos de novo. Antes de fazermos nosso experimento, toquem o topo da cabeça com as mãos. Depois dos quinze minutos de experimento, toquem de novo. Vocês verão que o topo das suas cabeças ficou quente, enquanto a área ao redor não está tão cálida. Quando alguma coisa acontece por dentro, seu calor permeia também o lado de fora. De fato, aqueles que conhecem sobre os chakras conseguem dizer-lhe quais são seus centros ativos apenas tocando em você.

Ramakrishna[7] tinha um estranho hábito. Quando Vivekananda foi vê-lo pela primeira vez, Ramakrishna levou-o até a sala ao lado, fechou a porta e disse:

— Tire a camisa!

Vivekananda foi pego de surpresa, perguntando-se o que estava acontecendo. Por que ele deveria tirar a camisa? Por sorte, ele era homem; se fosse mulher, teria havido um enorme problema. Ramakrishna insistiu:

— Primeiro, tire a sua camisa!

Vivekananda tirou a camisa. Ramakrishna colocou a mão sobre o seu peito e disse:

— Está bem, pode acontecer.

Mais tarde, Vivekananda perguntou-lhe:

---

7. Sri Ramakrishna (1836-1886) foi um líder hindu, fundador da escola de pensamento religioso conhecida como a Ordem Ramakrishna. (N. E.)

— O que você quis dizer? O que pode acontecer? O que você viu?
Ramakrishna respondeu:

— Eu tinha que descobrir qual chakra estava ativo em você,
do contrário, eu poderia ter trabalhado no sentido errado e todo o
meu esforço teria sido em vão.

Isso é absolutamente possível. Por que é possível? É bem simples: assim que um chakra fica energizado, um ponto específico
no corpo é despertado, ele adquire um sentido diferente, tem um
tipo diferente de calor.

Em todas as imagens de Buddha e Mahavira, vocês devem
ter percebido o que parecem ser mechas de cabelo amarradas no
topo de suas cabeças. Não são mechas de cabelo, são símbolos
do último chakra, indicações de que ele foi ativado. O último
chakra foi despertado, e essas "mechas" simbolizam isso. Vocês
nunca devem ter visto sinais de barba ou bigode em Buddha ou
Mahavira; eles não estão lá. Igualmente, em suas cabeças não
há cabelo; é apenas um símbolo. Se você contar as mechas de
cabelo, verá que são exatamente mil mechas. Esse número de
mil mechas é nada mais do que as mil pétalas de lótus – símbolo
do chakra final.

O chakra final está localizado no topo da cabeça. Qualquer
pessoa na qual este chakra esteja energizado pode se reorganizar
apenas tocando o topo de sua cabeça. Uma leve protuberância
aparecerá ali, uma leve projeção separada do resto da cabeça.
Esse último é o chakra sahasrar. Quando esse chakra é ativado, a
pessoa consegue distanciar-se de seu corpo físico. É então que ela
percebe que não é o corpo; ela é algo além.

Esses são os sete chakras. Por que eu lhes falei sobre eles? Para
que vocês tenham consciência sobre seus chakras primários.
Primeiro, com completo entendimento, vocês devem conhecer
seus chakras primários. Depois, esforcem-se para progredir aos
chakras de nível mais alto. É necessário máximo esforço no chakra
do terceiro olho, pois sem isso, não é possível progredir no caminho do desenvolvimento espiritual.

Tenham em mente também que os chakras localizados abaixo do umbigo não estão ali por acaso, são os chakras mais baixos.
Os chakras acima do umbigo não estão apenas mais acima no
corpo, eles também promovem crescimento mais elevado de sua

personalidade. Quanto mais alto for o chakra ativo, maior o desenvolvimento daquela pessoa, e o chakra final é a prova do crescimento definitivo. Quando você começa a meditar em "Quem sou eu?" com bastante energia, dentro de três a quatro meses você passa a ver e experimentar seus chakras claramente. Você conseguirá ver quais dos seus chakras estão vivos e quais estão dormentes e perceberá que, dependendo de quais estiverem ativos, suas características de atração, repulsa, raiva ou desejo estarão todas vivas em você.

Portanto, se uma pessoa desejar pôr fim à sua raiva ou apego, deve apenas desativar seu chakra, e a transformação começará a acontecer. Se ela desejar despertar o amor, não conseguirá, mas dê energia ao chakra do amor e ele começará a fluir. Construir uma determinação também não é algo que se possa fazer de uma hora para outra. Não importa quantas vezes alguém diga "Não temerei a escuridão, não temerei meus inimigos", nada acontecerá. Ele ainda terá medo da escuridão; ele ainda terá medo do inimigo. Aquele que diz "Não temerei" está dando provas de seu medo, confirmando que tem medo. Nenhum homem de coragem diz "eu não conheço o medo." Quem afirma não conhecer o medo certamente não poderá ser corajoso. Do contrário, o pensamento de não ter medo jamais nasceria dentro dele.

◆

Dois rapazes Rajaputes[8] vieram à corte do imperador Aquebar um dia. Eram gêmeos. Encontrando-se com Aquebar, disseram:

— Queremos nos alistar em seu exército. Nós dois somos muito corajosos. Você precisa de nós?

Aquebar respondeu:

— Vocês se dizem corajosos, rapazes, mas possuem algum certificado, alguma prova de sua bravura?

Ambos começaram a rir e disseram:

— Não esperávamos que alguém como você viria com tal pergunta. E por acaso existe algum certificado de bravura? Alguma prova? E a quem um homem de coragem deve procurar para

---

8. Rajapute é o membro de um dos clãs patrilienares presentes no centro e no norte da Índia, bem como em algumas partes do Paquistão. Os rajaputes são descendentes dos xátrias, grandes guerreiros do subcontinente indiano. (N. E.)

adquirir tal certificado? E se um homem trouxesse tal coisa, isso, por si só, não seria prova de que ele não tem coragem? Um homem corajoso iria até outro e lhe pediria um certificado atestando que ele tem coragem? Iria um homem de caráter até outro para pedir-lhe que atestasse por escrito que ele é um homem de caráter? Se o caráter em si não é a prova, então qual carta, qual certificado pode ser?

Eles, então, acrescentaram:

— Somos corajosos; isso podemos dizer. Se tivermos uma oportunidade, lhe mostraremos nossa coragem. Mas não temos nenhum certificado.

Aquebar respondeu:

— Então, quando veremos sua coragem? Como saberemos?

Os rapazes perguntaram:

— Você quer mesmo ver?

Aquebar respondeu:

— Sim, quero.

Num átimo, ambos sacaram as espadas. Por um instante, Aquebar ficou atônito, perguntando-se qual seria a intenção deles. Então, as espadas se chocaram e o duelo começou. Os gêmeos eram rapazes deveras corajosos. Mal haviam entrado na juventude. Com suas espadas afiadas, eles atingiram o peito um do outro. No momento seguinte, ambos estavam no chão, com sangue jorrando de seus corpos.

Aquebar gritou:

— Seus tolos, o que vocês fizeram?

Eles responderam:

— Exceto por estar disposto a morrer, qual outra prova pode um homem corajoso oferecer? Que outra prova de coragem existe, exceto a de que podemos rir na cara da morte? Para nós, a morte é um jogo.

Arquebar imediatamente chamou seus oficiais Rajaputes e perguntou:

— O que é isso? O que aconteceu?

Eles responderam:

— O erro foi seu; você não sabia que não deve nunca questionar a bravura de um Rajapute. De agora em diante, nunca mais repita essa pergunta, mesmo sem querer, pois há apenas uma resposta: para nós, a morte é um jogo.

◆ A busca pela paz ◆

◆

Esses dois rapazes... vocês podem imaginar quão energizados eram seus chakras do terceiro olho. Se eles eram capazes de brincar com a morte dessa maneira, então certamente eram capazes de alcançar a realidade suprema da mesma forma.

Tenham em mente que, no caminho para a realidade suprema, é preciso ser um guerreiro. Não é um caminho que possa ser percorrido por um negociante, não é. É uma estrada para alguém determinado, um homem de coragem. Por esse motivo, com a coragem e o valor tornando-se cada vez menos importantes no mundo, nosso laço com a realidade suprema é enfraquecido sem parar. O mundo atual é dirigido por monges e empresários. Podemos seguramente dizer que o século 20 é o século dos negociantes. Se existe alguém poderoso hoje em dia, é o astuto lojista.

Se olharmos para a nossa história, descobriremos que, no início, fomos influenciados por uma classe diferente de pessoas. Atualmente, outra classe é poderosa; amanhã, talvez outra seja influenciadora. Mas uma coisa é certa: quanto menos coragem houver em uma sociedade, menor será sua determinação, menor será seu progresso espiritual, porque fundamentalmente o progresso espiritual vem, em sua essência, da determinação.

Por esse motivo, enfatizo esse chakra; ele é a porta de entrada. Assim, hoje, quando nos sentarmos para a meditação, tragam toda a sua força, toda a sua energia ao ponto entre os olhos; algo deve começar a acontecer ali, um pequeno sol em órbita. Quando toda a sua atenção estiver ali, em alguns dias – pode ser que aconteça hoje mesmo – sua experiência será como se um pequeno sol começasse a orbitar aí dentro e seu calor estivesse se espalhando por toda a testa: um sol em miniatura orbitando rapidamente.

O sol em miniatura parecerá como o sol real seria se você o estivesse observando através de suas mãos fechadas em formato de cone. Conforme sua meditação se aprofundar, esse sol aumentará de tamanho. E, à medida em que ele aumentar, você sentirá uma mudança começando a acontecer em sua personalidade, uma mudança com relação ao que você era ontem. Você adquire um novo poder: a coluna se forma, os pés têm maior sensibilidade, sua determinação é mais potente. É com essa determinação, pela porta dessa determinação, que o homem entra no templo da realidade definitiva.

Falaremos mais sobre esse templo amanhã. Agora, vamos nos sentar para nossa meditação. Lembrem-se, não basta apenas sentar-se, e lembrem-se também de que repetir a pergunta suavemente não é o suficiente. Tenham em mente que há muitas pessoas aqui. Se todas essas pessoas se esforçarem coletivamente para meditar, então seu esforço não estará sozinho – você compartilhará os frutos desse esforço com todos. Amanhã falarei sobre como esse benefício se acumula.

Se duas mil pessoas se sentam juntas em meditação, então o pensamento coletivo e a determinação de duas mil pessoas criam uma corrente de ar, uma atmosfera psíquica. Ondas desses pensamentos surgem rapidamente; elas alcançam e tocam sua testa. Os pensamentos não estão presentes apenas dentro de você; seu movimento, suas ondas começam a se espalhar à sua volta. Mas, na Índia, a oração coletiva nunca foi desenvolvida. Em cada forma de religião praticada na Índia há um defeito básico: nenhuma delas encorajou ou desenvolveu a oração coletiva.

A meditação coletiva tem um significado maravilhoso. O que um único indivíduo não consegue fazer, pode ser facilmente feito por pessoas atuando em conjunto. Portanto, por favor, não desperdice essa oportunidade apenas se sentando aqui. Você pode sentar-se sozinho também, em casa, mas aqui há uma oportunidade única; duas mil pessoas estão com você.

Você pode não ter pensado nisso, mas correr sozinho é uma coisa; se houver duas mil pessoas correndo com você – as mãos tocando a sua, os pés encostando no seu, suas vozes em seu ouvido – será uma experiência totalmente distinta. Eu até já ouvi dizer que, no exército, os generais proíbem suas tropas de marchar ao mesmo tempo enquanto cruzam uma ponte. A razão é que, se seus pés pisarem em uníssono, a ponte pode desabar. Eles ordenam às tropas que marchem fora do ritmo, que saiam do compasso, para que seus pés pisem aleatoriamente. Se mil pessoas cruzarem uma ponte com seus pés batendo simultaneamente, então o padrão criado – o som que emerge, a onda que se forma – pode facilmente destruir a ponte.

Você talvez não saiba que, se houver uma tambura no canto de uma sala e, nas proximidades, dez instrumentos similares forem tocados num ritmo idêntico, há grandes chances de as cordas da tambura começarem a ressoar exatamente da mesma maneira, produzindo sons idênticos ao das outras dez tamburas. É possível.

Se duas mil pessoas estiverem sentadas juntas, meditando com um único pensamento, focadas em uma única resolução, então até os batimentos cardíacos de um homem sentado aqui no meio aumentam. Sua determinação se fortalece, sua consciência é acometida pelos ventos vindos de todas as direções, pelas ondas que o tocam em todos os lados. Falarei mais sobre como isso ocorre amanhã. Mas, se fizermos tudo com vigor, com toda a nossa força, não há razão para que não aconteça.

Eu já expliquei a meditação a vocês ontem, mas, para benefício dos novos amigos que podem ter chegado hoje, gastarei dois minutos para explicar novamente. Primeiro, vocês têm que se sentar e endireitar a coluna. Os cinco dedos de uma mão devem ser entrelaçados nos cinco dedos da outra e colocados sobre o colo. Os dedos entrelaçados devem fechar-se na forma de um punho, pois quanto maior a força com a qual você se fizer a pergunta, mais apertado seu punho se torna. Essa será a prova do quão vigorosamente você está se fazendo a pergunta. A coluna está ereta. Então, vocês devem fechar os olhos e, com os olhos fechados, fechem também os lábios. A língua encostará no céu da boca, lábios bem fechados.

Agora, com toda a sua força, você deve se perguntar "Quem sou eu? Quem sou eu?". A pergunta tem que ser feita rapidamente, para que não haja nenhum espaço entre dois "Quem sou eu?" consecutivos. A pergunta deve ser feita com muita rapidez, até que não sobre absolutamente nenhuma energia aí dentro. Com toda a sua força, você deve se perguntar "Quem sou eu?". Todo o seu ser deve tremer, o lago de sua força vital deve agitar-se. Cada poro do seu corpo deve perguntar, cada batida do seu coração deve perguntar, cada respiração deve perguntar, todo o seu corpo deve perguntar: "Quem sou eu?". Uma febre deve acometê-lo e envolver todo o seu ser.

3

Determinação é a chave para o despertar

Meus queridos,

Uma vez, fui a um jardim. O jardim tinha apenas um tipo de solo; existia apenas um céu sobre ele. Os raios de apenas um sol brilhavam sobre ele, e os mesmos ventos passavam por ali. A chuva que caía era a mesma em todo o jardim, e havia somente um jardineiro. Ainda assim, as flores que cresceram naquele jardim eram todas diferentes. Fiquei profundamente perplexo. Talvez, num outro momento, num outro jardim, você ficasse igualmente confuso.

Na Terra, é assim: o céu é o mesmo, os raios de sol são os mesmos, os ventos são os mesmos, as chuvas são iguais e o jardineiro é o mesmo. Mas as roseiras dão flores cor-de-rosa e os jasmineiros dão flores brancas; o cheiro delas é diferente. Como variedades de flores conseguem ter cores diferentes, fragrâncias distintas, formas diversas vindas da mesma terra, do mesmo céu e dos mesmos raios de sol?

Eu perguntei ao jardineiro. Ele respondeu:

— Tudo é igual, mas as sementes são diferentes.

Uma semente tão pequena – o que ela poderia extrair? Uma semente minúscula e, mesmo assim, ela pode ignorar uma terra tão grande, um céu tão vasto, fortes ventos, colocá-los todos de lado e extrair deles a cor de sua própria escolha. Uma pequena semente coloca o mundo todo de lado e tira dele a fragrância de sua preferência. Quão intensa é a determinação de uma pequena semente, maior do que a Terra, maior do que o céu! A semente se torna o que ela deseja ser. O que pode haver dentro de uma semente tão pequena?

Toda semente tem desejo próprio, vontade, resolução própria. A semente minúscula pega apenas o necessário e deixa todo o resto intocado. Uma do lado da outra, a da rosa torna-se uma rosa e o do jasmim torna-se um jasmim. A rosa e o jasmim têm uma fragrância diferente; tudo difere entre elas. Do mesmo solo, ambas retiraram seu próprio alimento.

Existem na vida infinitas possibilidades, mas nós nos tornamos apenas aquilo que absorvemos delas. Existe um número infinito de ideias e pensamentos – variações sutis permeiam o mundo –, mas atraímos apenas aqueles pensamentos para os quais possuímos uma receptividade interna. Somos atraídos a eles como um ímã.

Neste mundo, um homem se tornou Buddha. Neste mundo, um homem se tornou Jesus, outro se tornou Krishna. Vivemos no mesmo mundo em que eles viveram, mas morremos e desaparecemos sendo ninguém. O mundo de onde vem tudo isso é o mesmo para todos – o mesmo céu, terra, ventos, o mesmo sol e estrelas. Tudo é igual, então como cada ser humano pode ser diferente? Nossos olhares são semelhantes, nossos corpos parecem ser semelhantes, nossas carnes e ossos são semelhantes. Onde está a diferença? Onde e quando as personalidades começam a se distinguir? Como um homem vira um Budha? Como outro homem fica preso na escuridão? E, ainda, como um terceiro alcança a elucidação?

É importante compreender o que eu disse ontem. Eu expliquei que a persona possui sete centros, sete chakras e, de todos os lados, o chakra que é ativado traz para si aquilo que lhe é importante. O centro torna-se receptivo. Se o centro responsável pela raiva for ativado, ele atrairá para si ondas de raiva de todos os lados. Se o centro do amor for ativado, ele trará para si ondas de amor de todos os lados. Se o centro responsável pela paixão for energizado, ondas de luxúria e desejo se atirarão sobre ele vindas de todas as direções. O homem transforma-se em um abismo, e tudo aquilo que ele anseia vem de todos os lados, fluindo em sua direção.

A existência dá a cada um de nós aquilo que desejamos. Portanto nunca, mesmo sem querer, reclame por receber algo que não queria. Ninguém nunca recebeu algo que não tenha desejado.

◆ Determinação é a chave para o despertar ◆

O problema é que nós nem sabemos ao certo o que queremos. Nesse estado de inconsciência profunda, passamos a desejar coisas, e tudo o que desejamos começa a acontecer – aí procuramos alguém a quem culpar.

Se a semente de jasmim reclamasse à existência por haver recebido flores brancas enquanto ansiava desesperadamente por flores vermelhas, então essa semente estaria errada; essa semente nunca desejou flores vermelhas. Aquilo que somos é o resultado de nossos desejos. Atraímos tudo aquilo que desejamos, de todas as direções. Nos tornamos aquilo que nossa semente desejou ser; recebemos o que desejamos.

E então, existe aquele que vive com raiva, perturbado, insatisfeito, com medo, na luxúria, e pergunta onde está o divino: "O divino? Não o vejo em lugar nenhum". Quando o primeiro astronauta voltou à Terra, Khrushchov[9] declarou em um discurso: "Nosso astronauta foi até o espaço, mas ele não encontrou nenhum Deus lá". É difícil refutar Khrushchov. Àqueles que pensam que Deus pode ser encontrado em alguma lua, em algum planeta ou estrela, deixem que entendam claramente: se não hoje, amanhã, se não Khrushchov, alguém certamente ainda irá declarar que checou cada planeta, luas e estrelas e não encontrou Deus em parte alguma.

Existem pessoas que chegaram a um estado máximo aqui mesmo na Terra. E há aqueles que não conseguiriam alcançá-lo nem viajando à Lua e às estrelas.

Onde quer que o jasmim cresça, na Lua ou na Terra, ele não pode transformar-se em rosa. Ele só poderá se tornar o que está destinado a ser; ele se tornará o que pode ser. Nós podemos viajar para os quatro cantos do mundo, mas continuaremos a ser o que somos. Onde quer que estejamos, poderemos ver, trazer em nossa direção ou experimentar apenas aquilo que formos capazes de atrair.

Os olhos atraem a luz. Se alguém tocasse a cítara na frente dos nossos olhos, eles não seriam capazes de ouvir o som do

---

9. Nikita Khrushchov (1894-1971), ex-primeiro-ministro da União Soviética. Seu governo caracterizou-se pela tentativa de liberalização e melhora no nível econômico da população. Denunciou o culto à personalidade no governo de Stalin e os crimes cometidos durante o expurgo. (N. T.)

instrumento. E não importa quantas lâmpadas você acenda na frente dos ouvidos, eles não serão capazes de enxergar a luz e saber quais lâmpadas foram acesas. Os ouvidos continuarão declarando: "Cadê a luz? Não consigo ouvi-la em lugar nenhum". Agora, pode-se ouvir a luz? Os olhos dirão: "Em que lugar está tocando esta cítara? Não consigo ver nenhuma música. Cadê a música?". Mas não se pode ver a música. Experimentamos a vida através dos órgãos, dos sentidos, os quais usamos para vê-la e compreendê-la. Portanto, para nós, o mundo em si torna-se o que nós somos.

Como mencionei ontem, nós possuímos sete centros. O centro mais baixo e o mais alto – o primeiro e o sétimo – são depósitos de energia. Não fazem nada; são meros receptáculos. Eles armazenam energia; toda a energia está reunida nesses centros. O segundo centro, o do sexo, é o que joga a energia para fora, expulsa-a. É a saída pela qual a energia se esvai. Por isso aquele que vive nesse centro torna-se uma pessoa apática, impotente. Gradualmente, toda a sua energia se vai e ele fica sem vigor.

O sexto centro – localizado na testa, entre os olhos, o qual chamei de chakra do terceiro olho – é o chakra oposto ao do sexo. Ele é a porta pela qual toda a energia entra em seu ser. A energia sai pelo centro do sexo e entra pelo chakra do terceiro olho. Portanto, quanto mais o homem viver na luxúria e na paixão, menor será sua determinação, pois ele estará distante do chakra do terceiro olho. Aquele que vive próximo ao terceiro olho, cuja atenção está focada nele, não vai nem sentir quando a luxúria se esvair de sua consciência e, por fim, desaparecer. Isso porque o chakra do terceiro olho é o hospedeiro de toda energia, todo poder. Ele convida a energia a entrar, nutre-se dela, bebe dela. Quanto maior a energia absorvida pelo terceiro olho, mais forte, poderosa, enérgica, vigorosa e determinada a pessoa se torna.

Entre esses dois centros – o centro do sexo expulsando energia e o chakra do terceiro a atraindo – existem outros três: o umbilical, o cardíaco e o laríngeo. Eles são responsáveis pelo funcionamento interno do corpo, o mantêm funcionando. Compreender os sete centros corretamente é essencial ao meditador.

Dizem que não podemos ver o divino, não podemos ver a alma. Mas, assim que o centro que nos une ao infinito – o sétimo centro – é ativado, o mundo começa a desaparecer e o infinito a surgir.

Não é que não exista mais o mundo; o mundo ainda é o mundo, mas não como o conhecemos. Ele passa a ser o mundo do infinito.

Rabia[10] foi uma dervixe sufista. Nas suas escrituras sagradas, ela leu que o Diabo deveria ser odiado. Em seu próprio livro, ela riscou essa frase.

Um amigo dela, que também era um dervixe, hospedou-se em sua casa. Pela manhã, ele abriu as escrituras e viu que as palavras haviam sido adulteradas. Ele perguntou a Rabia:

— Você enlouqueceu? Mudou as palavras? Como pôde mudar as escrituras?

Rabia respondeu:

— Não tive escolha, eu tive que corrigir o texto. Desde que sou capaz de ver o infinito, não consigo ver nenhum Diabo. Nas escrituras é dito que devemos odiá-lo, mas eu não vejo nenhum Diabo. Para todo lugar que eu olhe, vejo apenas Deus. Mesmo se o Diabo estivesse parado na minha frente, eu veria apenas Deus. Esse é o primeiro problema.

"E a outra dificuldade é que, desde que me vi assim, não existe ódio dentro de mim, apenas amor. Então, como posso odiar? Em primeiro lugar, não consigo ver o Diabo e, em segundo lugar, não há mais ódio em mim. Foi por isso que risquei essa frase. Ela não é relevante para mim."

◆

No dia em que o sétimo centro torna-se ativo, a experiência de tudo aquilo que até então não era visto, tudo o que era desconhecido, acontece. Mas por quê?

Quando uma criança nasce, ela não tem nenhuma consciência do sentimento de luxúria, pois esse centro ainda não está ativo. Assim que esse centro é energizado, o mundo, de repente, parece mudar; parece estar diferente. Uma vez que o centro interior é energizado, o mundo exterior parece mudar. Mas o mundo de ontem é o mesmo de hoje, então o que aconteceu? O mundo não mudou, mas o centro dormente aqui dentro está desperto agora.

---

10. Rabia de Baçorá, ou Basra (713-801). É considerada a primeira mulher santa do Islã. Dervixe, ela seguia a ideologia sufista, que procura desenvolver uma relação direta e contínua de amor a Deus. (N. T.)

◆ A busca pela paz ◆

Da mesma forma, quando o sétimo centro é energizado, o mundo permanece exatamente igual, mas agora algo mais pode ser visto nele. Nós absorvemos apenas aquilo que somos capazes de absorver. Tudo está disponível. Aquilo que Buddha incorporou deste mundo ainda está presente. Mesmo hoje, não há absolutamente nenhuma dificuldade em se tornar um Buddha. Mesmo hoje, não há nenhuma dificuldade em se tornar um Mahavira, tampouco há algum obstáculo em se tornar um Rama ou um Krishna. Tudo o que eles alcançaram ainda está disponível. Precisamos apenas despertar nosso centro interior responsável por absorver tudo isso.

Mas todos nós pedimos o oposto. Nós perguntamos: "Onde está o divino?". Não perguntamos: "Onde fica o centro que precisa despertar para se experimentar o divino?". Nós não o provamos porque esse centro está dormente. À nossa volta existem infinitas experiências, conhecimento sem fim, infinitos pensamentos. Tais pensamentos nos rodeiam vinte e quatro horas por dia. Qualquer reflexão que incluamos em nós mesmos, qualquer centro que despertemos, os pensamentos em harmonia com aquele centro virão de uma vez em nossa direção, nos arrebatarão, nos engolirão. Isso precisa ficar bem claro.

Se um dia, pela manhã, você perder a cabeça, ficará surpreso com o fato de que, durante todo o dia, vários detalhes que te deixam com raiva vão surgir. Por que justo nesse dia? Você acredita que, desde aquela manhã, o dia tem sido ruim; está sem sorte. Não tem nada a ver com sorte. De todos os lados, o centro que foi despertado pela manhã tem atraído incidentes que condizem com ele – e isso continua ao longo do dia. É por isso que os sábios dizem que, quando for dormir, durma com consciência, pois mesmo quando se está dormindo, durante a noite, pensamentos estão sendo continuamente atraídos à sua consciência.

Você sonha a noite inteira. Os sonhos são feitos de pensamentos que você está puxando para si. O homem dormindo a seu lado talvez esteja sonhando que é um juiz, você pode estar sonhando que é um ladrão. Não pense que, por estarem dormindo lado a lado, vocês estejam sonhando a mesma coisa. Que significado tem um sonho? Quer você sonhe que é um juiz ou um ladrão, só está sonhando com aquilo para o qual sua mente despertou. Juiz ou ladrão: são apenas pensamentos que chegam até você por

◆ Determinação é a chave para o despertar ◆

todos os lados. Aquele que dorme com consciência irá atrair para si pensamentos de consciência e tranquilidade.

Também é necessário levantar-se com consciência para encarar sua jornada junto aos pensamentos com os quais você iniciou seu dia. Mas, muito frequentemente, as pessoas começam e terminam seus dias de maneira equivocada. Esses dois períodos precisam de muita atenção. O momento antes de dormir deve ser preenchido com muita consciência, calma, silêncio, alegria e oração. Assim, nas horas de sono, você atrairá para si pensamentos de um mundo novo, uma nova luz, e novas ideias. Ao levantar-se, os primeiros instantes devem ser de meditação, para que a jornada daquelas vinte e quatro horas do dia atraia tudo o que for bom, lindo, verdadeiro. Quem for capaz de cuidar desses dois momentos, será capaz de cuidar das vinte e quatro horas.

Por isso, a meditação da qual estou falando deve ser feita à noite, antes de dormir e, de novo, ao acordar. Ambos os processos de dormir e acordar devem começar com meditação. Se você puder fazer essas duas transições da maneira correta, perceberá uma paz e uma transformação começarem a crescer dentro de você.

Atente-se ao que eu disse: há um mar de pensamentos à nossa volta. Antes da invenção do rádio, não podíamos nem imaginar que o que estava sendo dito em Moscou poderia ser ouvido em Mumbai: apenas não sabíamos que isso era possível. Igualmente, as pessoas em Moscou não estavam cientes que o que estava sendo dito em Mumbai poderia ser ouvido lá. Mas agora sabemos que sim. Apenas estando sentados aqui não é possível saber o que é dito em Moscou, Pequim ou Nova York, mas quando usamos um rádio, isso muda. Não é o rádio que traz as vozes até nós, são as ondas sonoras que estão passando por aqui. O rádio apenas as captura.

Há muita coisa presente à nossa volta, mas capturamos somente aquilo que compreendemos; o resto nos escapa. Conseguimos absorver só o que está no nosso nível, em nosso comprimento de onda, em sintonia com o chakra ativo. Então vemos, ouvimos, absorvemos somente aquilo.

Existe uma rede infinita de pensamentos ao nosso redor. Lembre-se: as palavras nunca morrem. Nada neste mundo morre. O que eu estou dizendo agora nunca morrerá; não há como

◆ A busca pela paz ◆

desaparecer. Tudo aquilo que foi dito torna-se imortal e permanente. Até o fim dos tempos, esse som ficará ressoando pelo universo, ecoando e circulando. Qualquer som propagado uma vez continuará ecoando infinitamente, reverberando em inúmeros universos.

Cientistas acreditam ser absolutamente possível que um dia haja uma invenção capaz de capturar o que Krishna disse para Arjuna[11] em Kurukshetra[12]. É bem possível que o que Jesus disse possa ser captado, o que Mahavira falou em Bihar possa ser captado, porque até hoje esses sons estão ressoando em algum lugar. Se os cientistas conseguirão ou não inventar esse aparelho, é assunto para especulação. Aqueles capazes de ativar seu sétimo centro, mesmo sem o auxílio de nenhum instrumento, conseguem captar todas as mais nobres ideias que já foram imaginadas neste mundo. A riqueza do que há de mais primoroso a ser oferecido neste mundo está ao seu alcance, e a experiência de viver entre essas ondas é única.

Nietzsche disse certa vez:

— Houve um momento em que senti que estava vivendo a mil quilômetros além desse tempo.

Mil quilômetros além do tempo? Como é possível que alguém esteja a mil quilômetros além do tempo? Mas qualquer um que tenha experimentado algo nesse nível sabe que, de lá, é como se o mundo todo estivesse em uma vala profunda, uma ravina, perdido em algum vale escuro, e ele vivesse no pico do Monte Evereste. A experiência de estar nesse pico, viver lá, só acontece após ativarmos nosso chakra mais elevado. Como fazer isso?

É possível ativá-lo; sem esse chakra na sua vida, você não será capaz de entrar no templo do infinito. Apenas a determinação pode despertá-lo, e isso significa energizar o chakra do terceiro olho. A determinação seguirá cada vez mais profunda até, finalmente, ativar o sétimo e último chakra.

Quanto mais profundamente conseguirmos elevar a técnica de meditação que expliquei – ao mais profundo nível possível –, mais bem-sucedidos seremos na ativação do último chakra.

---

11. Arjuna representa o homem comum que busca a sabedoria divina; o guerreiro que recebe, no campo de batalha, os ensinamentos espirituais do próprio Krishna. (N. T.)
12. É conhecido como o local onde a grande batalha do Mahabharata foi travada e onde Krishna proclamou o Bhagaved-gita. (N. E.)

◆ Determinação é a chave para o despertar ◆

Tenha em mente que esse chakra não se energiza sozinho, apenas através do nosso esforço. Sim, talvez um dia isso ocorra por si só. Talvez daqui a milhões de anos, no curso da evolução, ele seja ativado sozinho. Mas, aí, teremos que esperar até lá.

A meditação tem um significado: qualquer que seja o desenvolvimento que a natureza for capaz de trazer daqui a milhões de anos, o meditador será capaz de alcançá-lo mais rapidamente, em menos tempo. É possível, claro, que depois de muitos e muitos éons, todo ser venha a nascer no estado alcançado por Buddha e Mahavira. Mas os meios da natureza são longos, calmos e sem pressa. Aquele que quiser se apressar terá que se tornar ativo; tomar alguma atitude. Mas nós não fazemos isso. Somos como algo flutuando num rio, à mercê da correnteza, sem ao menos protestar. Mas se compreendermos corretamente, saberemos que o não fazer nada – ficar à deriva, vivendo lentamente como parte do plano da natureza – é a fonte da sensação de que a vida é fútil. Se quisermos acabar com essa sensação de inutilidade, algo precisa ser feito.

Mas o quê? Rezar nos templos? Ajoelhar-se aos pés de gurus? Colocar pontos vermelhos em nossa testa? Fazer rituais oferecendo e atirando preparações de ervas ao fogo? Essas são formas que encontramos para escapar de fazer a coisa certa. Não é o que temos que fazer. Fazê-las não nos trará nada. Somente ajudará a nos enganarmos, a parecer que estamos nos esforçando. Talvez até mesmo o estado anterior, no qual estávamos à deriva, seja melhor que esse. Pelo menos não havia a questão de estarmos iludindo a nós mesmos fingindo fazer algo. Pelo menos sabíamos claramente que não estávamos fazendo nada, mas havia sempre a possibilidade de fazermos algo qualquer dia.

Quando as pessoas contam as contas de um terço ou rezam nos templos, por exemplo, elas começam a acreditar que estão se esforçando e, por causa desse equívoco, perdem a possibilidade de fazer um esforço real algum dia; essa possibilidade morre antes de nascer. Por isso não há mal maior no mundo do que todos esses rituais praticados em nome da religião. E não há mal maior à humanidade que o provocado pelos agentes que endossam e promovem tais ritos religiosos. Os homens a cujos pés as pessoas caem em oração têm as mãos firmes em volta do pescoço daqueles

A busca pela paz

que os adoram. São eles que apertam a vida das pessoas até espremê-las. Mas nada disso é visto.

Em vez de praticarem a determinação, as pessoas recebem uma série de rituais inúteis, através dos quais nenhuma resolução é desenvolvida nem se fortalece a vontade própria. A prática desses rituais não leva ao despertar de nenhum centro e nem gera qualquer vigor na vida.

Milhares e milhares de práticas desse tipo são comuns em todo o mundo. Em nome da religiosidade, ou substituta à religião, uma pseudorreligião espalhou-se pelo mundo todo. Essa falsa religião tornou-se um grande obstáculo impedindo o homem de se tornar espiritual, pois ele sente que indo ao templo já faz tudo o que precisava ser feito.

Existe, sim, um templo ao qual todos devem ir, o templo interior. Mas o astuto, sagaz e brilhante homem fez outro templo, o templo aqui de fora, aonde pode ir, voltar para casa e declarar que tem ido ao templo. Ele nem sabe onde é o templo. Não percebe que alguém que vai ao templo nunca mais retorna; ele passa a viver lá. É um caminho sem volta; ninguém retorna de lá.

Nós vamos a esse templo aqui de fora pela manhã e depois regressamos. Mas como fomos até lá? Somos os mesmos de quando saímos de casa. O homem que entra nesse templo é o mesmo que sai dele. Por onde entramos no templo? Entrar em um templo significa que chegamos a um lugar no qual não somos mais quem éramos. Só assim é que entramos em um templo, do contrário, não.

O que significa ir a um templo? Um homem sai de sua casa, vai até a casa A ou a casa B e retorna – isso significa que ele voltou de um templo? O homem é extremamente astuto, muito inteligente quando se trata de enganar-se a si mesmo.

O significado de ir ao templo é a conversão interior. Ir ao templo significa entrar em um estado de consciência no qual somos transformados, no qual já não somos mais aqueles que éramos antes de entrar ali. Lembre-se: quando voltarmos desse templo, já não será mais possível sermos quem éramos antes. Mas ninguém volta desse templo; se voltar, o templo volta junto com ele. Então, ele passa a viver nesse templo. Mas nós não sabemos onde ele fica. Nós o construímos por fora; a estrutura do

◆ Determinação é a chave para o despertar ◆

templo foi construída por fora. Nós vamos até lá, oferecemos nossas orações a essa estrutura e voltamos. Não, o templo não é lá fora. O templo é o sétimo chakra do qual eu tenho falado. Entrar no sétimo chakra é entrar no templo.

As pessoas que o conhecem falam sobre o interior desse templo. Nós as ouvimos, mas construímos os templos aqui de fora. Você entra em um templo... Do lado de fora há paredes, por dentro há o *sanctum sanctorum* – o lugar mais sagrado de um templo –, onde fica a imagem do divino. Em volta do *sanctum sanctorum* há um caminho, e nós caminhamos ao redor da divindade sete vezes. Você já se perguntou por que deve dar sete voltas? Você já se perguntou por que está circulando? E por que uma imagem da divindade foi colocada no meio daquele círculo em volta do qual estamos caminhando? Por que ele é chamado de *sanctum sanctorum*? O que é aquela estrutura redonda? Por que o domo é redondo? O que é tudo isso?

Após ouvir sobre o templo interior, construímos o templo aqui de fora seguindo exatamente a mesma tendência. O domo que você vê no topo do templo é simbolicamente o topo de uma cabeça. Em algum lugar daquela cabeça, dentro de um círculo, reside o divino – é isso que devem ter dito aqueles que lá estiveram. Só depois de caminhar em volta da circunferência, completar a jornada do perímetro, é que a experiência daquele que está ali dentro se torna possível. É isso que eles devem ter dito.

Mas nós construímos uma estrutura externa. Damos voltas e voltas e retornamos para casa. Todos os sábios e santos a que chamamos de mahatmas nos apressam a ir ao templo, dizem que temos que ir ao templo. Por milhares de anos, essas pobres almas repetem que é necessário ir ao templo. Eu também digo que você deve ir ao templo, mas o templo para o qual eles o estão guiando não é templo nenhum. O templo é outro lugar; ele está dentro de você.

Eu ouvi uma história...

◆

Algumas crianças viviam em uma casa. Quando elas ainda eram muito novas, seus pais morreram em um acidente de barco. Embora as crianças fossem muito pequenas, elas pensaram que, mesmo sem os pais, deveriam continuar fazendo aquilo que costumavam fazer; devia haver alguma razão para fazê-lo. Elas sabiam que diariamente, após o jantar, seu pai costumava pegar um pequeno graveto de seu gabinete e fazer algo com ele.

Ele costumava limpar os dentes após as refeições e guardava um pequeno graveto para isso. Os meninos não sabiam disso; eram muito jovens para entender o que o pai andava fazendo. Os dentes deles não precisaram ser limpos com nenhum graveto, então não havia por que eles terem conhecimento sobre aquilo. Mas eles sabiam que o pai guardava um graveto em seu gabinete e, duas vezes por dia, todos os dias, ia ao gabinete por alguma razão. Eles pensaram que deveria haver alguma conexão entre comer e ir ao gabinete – e tinha que ter algo a ver com um graveto.

Assim, após a morte dos pais, eles também mantiveram um graveto no gabinete. Não sabiam de mais nada. Diariamente, depois das refeições, iam ao gabinete com as mãos juntas e curvavam-se para o graveto. Isso tornou-se um hábito.

Quando cresceram e construíram uma nova casa, eles acreditaram que já estava na hora de jogar fora o pequeno graveto e fazer um novo, de sândalo – afinal, rezavam para ele todos os dias. Então, para essa casa, fizeram um lindo pauzinho de sândalo e, em vez do gabinete, construíram um bonito e pequeno templo e colocaram o pauzinho de sândalo ali. Todos os dias, de manhã e à noite, eles iam ao templo com as mãos juntas em oração e se curvavam. Gerações se passaram. Seus filhos nasceram e construíram casas ainda maiores, e seus netos construíram mansões cada vez maiores. O pequeno gabinete foi se tornando gradualmente um grande templo. O que um dia havia sido um graveto, tornou-se um pilar enorme.

Então, um dia, alguém lhes perguntou:

— O que é tudo isso?

Eles responderam:

— Isso acontece em nossa família há gerações. É uma prática religiosa, todos aqueles que não a seguem não têm religião. Alguns dos nossos filhos foram corrompidos. Eles não acreditam nisso e se recusam a juntar as mãos e se curvar.

◆

Atualmente, as crianças que não juntam as mãos em oração e se curvam estão corrompidas, já aquelas que o fazem são muito

◆ Determinação é a chave para o despertar ◆

devotas. Algo parecido com a história aconteceu, está acontecendo. As verdades definitivas da vida só podem ser ditas através de símbolos. Nós nos apegamos aos símbolos, atamo-nos a eles – e então começamos a adorá-los, nos esquecendo que os símbolos apenas indicam a direção de algo maior. Os símbolos não são a verdade, eles são meros indicadores, guias para a verdade.

Como eu disse, o sétimo chakra é o templo no qual precisamos entrar. E a porta pela qual entramos é o chakra do terceiro olho. Como podemos trabalhar no chakra do terceiro olho? Como podemos fazer esse chakra ganhar vida, ficar ativo e alcançar um ponto em que sua florescência está completa?

Três pequenas questões, mas muito importantes, e devem ser compreendidas. Primeiro, quanto maior for a determinação que você desenvolveu na sua vida, mais essa porta se abrirá. Mas o que significa determinação? Determinação significa que tudo o que quiser fazer, seja feito com toda a sua força, toda a sua capacidade. Você não pode dividir-se por dentro, metade de sua mente lhe dizendo para fazê-lo e a outra metade dizendo para não o fazer. Se sua mente estiver dividida, desintegrada, fragmentada, então os pedaços irão se chocar entre si e a determinação será destruída.

Nossa mente está sempre dividida em partes diferentes, ela divide-se mesmo com as coisas mais simples; isso é algo além da nossa compreensão. Em nós, não há nenhum sim ou não que seja certeiro; ambos estão sempre presentes ali. Nós não queremos virar à esquerda nem à direita; queremos ir para ambas as direções simultaneamente. Assim, gradualmente, toda a determinação se esvai.

Nossa mente funciona como se tivéssemos colocado bois nos quatro lados de uma carroça. Eles a puxam em todas as direções. Obviamente, a carroça não se move, mas suas partes são pressionadas e enfraquecem. O caos é tamanho que até mesmo os bois se cansam e começam a se perguntar o que está acontecendo.

Se você examinar sua vida cuidadosamente, verá que existem bois amarrados aos quatro lados da sua carroça. Não há uma resolução única aí dentro; há vinte e cinco resoluções diferentes. Nem deve perceber que existem resoluções totalmente contraditórias em você. A pessoa que você ama é também aquela que odeia. Talvez fique surpreso, mas pode não ter lhe ocorrido que, a qualquer momento, seu amigo pode transformar-se em inimigo. Havia tanto amor, como foi que, de uma hora para a outra, virou tanto ódio?

Escondido ali debaixo, o ódio só aguardava o momento em que o amor sairia da frente para que ele pudesse roubar-lhe o lugar. É por isso que ter inimigos nunca é tão perigoso quanto ter amigos. Se um inimigo se transformar, ele poderá virar um amigo; está escondido dentro dele. Mas, se um amigo se transformar, haverá apenas uma possibilidade para ele: tornar-se um inimigo, pois o inimigo está escondido dentro dele. É por isso que para o inimigo ainda há esperança, para o amigo, não.

A pessoa que você reverencia é também aquela pela qual você sente desdém, que está só esperando uma oportunidade para vir à tona. Para que o desdém mostre a sua cara, a reverência só precisa ser posta de lado. Cuidado com aqueles que demonstram muito respeito, pois, por dentro, eles estão se preparando para o desprezo.

Nossa mente está em um estado de turbulência interna. Somos um tipo de pessoa por fora, outro tipo por dentro e, quem quer que sejamos, somos também outra pessoa simultaneamente. Quando você segura a mão de alguém e diz que o ama muito, dê uma olhada para dentro e veja o que sua mente está realmente dizendo naquele momento. Sua mente estará se perguntando: "Quanta mentira você está proferindo; por que está dizendo essas coisas?".

Havia um místico chamado Nasruddin. Ele estava apaixonado pela esposa do rei de sua vila. Uma noite, ele se despedia dela. Antes de sair, disse:

— Não há ninguém mais bela que você. E o quanto eu te amo, ah, nunca amei tanto alguém antes, nem poderei amar no futuro. Você é única.

Ela ficou muito feliz, muito satisfeita, como acontece quando um homem diz essas coisas a uma mulher. Ela perguntou:

— Verdade?

Ao vê-la tão feliz, Nasruddin – ele era um homem muito honesto – disse:

— Espere! Deixe-me lhe dizer também o que está se passando na minha cabeça. Quando eu disse que não há ninguém mais bela que você, minha mente disse: "Por que você está dizendo isso a uma mulher tão comum? existem muitas iguais a ela". Eu disse a você

◆ Determinação é a chave para o despertar ◆

que a amo muito, que eu nunca amei ninguém tanto quanto a amo. E minha mente começou a rir aqui dentro: "Você também já disse isso a outras mulheres – exatamente essas mesmas palavras".

◆

A mente humana é cheia de contradições, transbordando conflitos internos o tempo todo. Se eles existirem, a resolução jamais poderá surgir, pois significa uma mente apenas. Resolução significa uma mente unificada, integração; resolução significa uma voz; resolução significa um som. Estamos cheios de vozes conflitantes vinte e quatro horas por dia. Para sermos capazes de silenciar esses conflitos, precisamos de entendimento. Quando dizemos que nossa fé é inabalável, é precisamente quando temos dúvidas sobre ela. É estranho: para tudo o que dizemos, o exato oposto existe dentro de nós. Ele divide e nega aquilo que dizemos. Então, nossa personalidade fica presa nesses conflitos e desaparece.

É possível reduzir, pouco a pouco, esses conflitos? É possível. Primeiro, precisamos ter ciência deles para que não os alimentemos. O que digo, o que estou querendo dizer é: não reverencie ninguém, e então não haverá necessidade de irreverência. Não tenha fé, e a dúvida não surgirá. Não seja amigo, e não haverá necessidade de tornar-se inimigo. Não seja um discípulo, do contrário, a pressa em se tornar guru irá começar. É inevitável, já está acontecendo e continuará assim.

Tente evitar a contradição existente, tente escapar de ambos os aspectos, para que um estado de harmonia se instale em sua consciência. Não divida a si mesmo dizendo acreditar, pois, assim que o disser, metade do seu ser se tornará cético. Encontre o maior religioso que puder e verá também o ateu dentro dele. O descrente não morre, ele pode apenas ser suprimido. Encontre o maior ateu que existir e verá também o religioso dentro dele; o religioso não morre. Não seja um religioso nem um ateu. Deixe que a contradição se vá; não se divida em conflitos internos.

Quanto mais a pessoa for capaz de entender isso e escapar das contradições, maior será a sensação de calma e equilíbrio que surgirá dentro de si. Um estado de harmonia, de mente tranquila – completa, inteira, não fragmentada – começa a nascer. Esse estado é o que chamamos de determinação. Quanto mais alimentarmos esse estado, mais tranquila será nossa jornada interior.

Mas nós sempre vemos as coisas como se fossem oito ou oitenta. Afirmamos que seremos amigos ou inimigos, nada é possível ali no meio. Não entendemos que é só "ali no meio" que realmente podemos ficar. Declaramos que vamos ter fé ou que não teremos fé; que respeitaremos ou faltaremos com respeito – das duas, uma. Mas alguém que escolhe uma opção deixará a outra em aberto. As perspectivas continuarão mudando como o pêndulo de um relógio balançando de um lado para o outro. Mas lembre-se, ele continua se movendo. Ele vai para um lado só para poder mover-se até o outro. Enquanto vai para um lado, ele já começa a mover-se para o outro. A velocidade de ir para a esquerda, este mesmo impulso, vai levá-lo de volta à direita.

Por isso, uma pessoa que entende da vida rirá quando alguém lhe disser ser seu amigo ou seu inimigo. Aqueles que entendem a vida riem quando alguém se curva a seus pés e quando alguém lhes atira os sapatos. Esse é o pêndulo humano que fica balançando sem significado algum. Mas o engraçado é que, mesmo que o homem esteja em movimento pendular, ele não tem ideia do que está fazendo – só está indo de um lado para o outro.

Quando a consciência está focada, alinhada, unificada e em harmonia, temos um estado de determinação. Quem estiver nesse estado pode entrar no templo interior. Se você compreender a determinação corretamente, então terá a chave que abre a porta para o chakra que chamo de sahasrar. Mas não temos a chave para a determinação e, infelizmente, também não possuímos a chave que leva à determinação.

Uma vez, ouvi dizer...

♦

Em uma família muito antiga e culta, um garoto de sete anos estava sendo enviado para longe a fim de educar-se.

O pai disse a ele:

— Em nossa família, todos os que foram mandados para fora para estudar nunca retornaram sem que tivessem completado os estudos. É uma tradição e uma prática na família que, mesmo quando enviamos uma criança pequena, ela nunca olha para

Determinação é a chave para o despertar

trás; somos contra qualquer um que olhe para trás. Quando meu pai se despediu de mim e me mandou embora para ser educado, ele disse "Não deve haver lágrimas. Se lágrimas lhe vierem aos olhos, então esta casa não mais será o seu lar; você não deverá voltar. Não permitimos pessoas que choram nesta casa".

"Eu vou lhe dizer a mesma coisa. Amanhã, às quatro horas da manhã, você vai partir. Um criado irá colocá-lo em um cavalo e partirá com você. A alguns quilômetros daqui, há uma curva na estrada. Até lá, é possível avistar nossa casa, mas não olhe para trás. Estaremos no terraço para nos certificar de que você não olhou, pois não podemos confiar em alguém que olha para trás. Definitivamente, não olhe para trás."

Uma criança de apenas sete anos. Ele estava muito nervoso. À noite, sua mãe reafirmou:

— Não se preocupe; sempre foi assim.

E continuou:

— Ouvi dizer que uma vez alguém olhou para trás e, então, esta casa não pôde mais ser dele. Não olhe para trás.

O garoto de sete anos não dormiu aquela noite pensando que não poderia virar-se para ver sua mãe e seu pai, não poderia ver sua casa, não deveria ter lágrimas nos olhos e nem olhar para trás. Tantas expectativas sobre uma criança de sete anos!

Podemos pensar que essas pessoas eram muito frias, muito cruéis. Se fôssemos nós, teríamos abraçado o garoto, dado chocolate para ele. Teríamos chorado, permitido que ele chorasse, demonstrado nosso amor. Mas isso não é amor; isso é destruir a determinação na personalidade da criança. Atualmente, o mundo inteiro pensa assim. Todos pensam que você tem que dançar em volta da criança, ser mais infantil que ela. Pois tais meninos nunca serão capazes de construir a determinação interior que deveriam. Suas almas não terão coluna espinhal.

Aquele garoto partiu às quatro horas de uma manhã gelada. Seus pais não vieram até a porta para se despedir – eles devem ter sido muito cruéis, sem coração. A criança estava montada em um cavalo. O criado que estava com ele disse:

— Filho, não olhe para trás. Você não tem permissão para olhar para trás. Você não é mais um garotinho; temos grandes expectativas sobre você. Quais expectativas se pode ter de alguém que olha para trás? Seu pai está olhando para você lá do terraço. O quão feliz ele ficará se o filho não olhar para trás por todo o caminho até a curva da estrada.

Apenas imaginem em quais condições o garoto se encontrava. O quanto ele gostaria de ter se virado e olhado para trás. Um pequeno e frágil garotinho de sete anos! Mas sem se virar, sem olhar, ele dobrou a curva. Mais tarde, o garoto escreveu que, passados alguns quilômetros sem que ele olhasse para trás, uma estranha sensação de felicidade começou a invadi-lo.

Ele chegou à escola naquela manhã bem cedo. Um dos monges, aquele que seria seu professor, o recebeu na porta e disse que nem todos poderiam ser admitidos; existiam regras para entrar ali.

— Sente-se na porta com os olhos fechados. Você não deve se levantar nem abrir os olhos até que eu venha chamá-lo pessoalmente. Se nesse meio-tempo você abrir os olhos, entrar ou olhar à sua volta, então será colocado em seu cavalo e enviado de volta para casa. Seu criado está esperando lá fora. Lembre-se: nenhuma criança da sua família foi enviada de volta. Esse é o teste para sua admissão.

O garoto ficou sentado na porta. Ninguém lhe disse: "Filho, sua mãe deve estar triste. Ajeitaremos as coisas para você". Ninguém perguntou nada a ele. Suas malas estavam ao seu lado, seu cavalo ficara amarrado lá fora, o criado aguardava. Aquela criança, com seus poucos sete anos de vida, foi obrigada a se sentar na porta, de olhos fechados. Aqueles professores também devem ter sido muito cruéis e sem coração. Mas quem entende, sabe que não existem pais e professores mais gentis e apaixonados do que esses.

O garoto continuou sentado. Outras crianças iam chegando à escola, alguém o empurrou, alguém atirou pedrinhas nele, alguém o provocou – crianças são crianças. Mas ele tinha que permanecer de olhos fechados, não importava o que acontecesse, pois, se não ficasse de olhos fechados, teria que voltar para casa. Como ele encararia o pai se fosse enviado de volta? Ninguém em sua família havia falhado nisso.

A manhã começou a raiar, mosquitos zuniam ao redor dele, crianças provocavam, quem passava por ali o empurrava. Aquela pequena criança: de olhos fechados, faminta, com sede. Mas ele não podia abrir os olhos nem se levantar.

◆ Determinação é a chave para o despertar ◆

A tarde veio, o sol estava a pino sobre sua cabeça. O que estava acontecendo? Ninguém veio, ninguém falou com ele. Ele continuou sentado com os olhos fechados. Não abriu os olhos, não piscou nem uma vez.

Era tarde, o sol estava prestes a se pôr. Agora, ele estava sendo torturado por pontadas de fome. Então o monge, juntamente com outros dez ou quinze companheiros, veio, levantou-o e disse:

— Você passou no teste de admissão. Tem determinação. Então, podemos trabalhar com você. Pode entrar.

Quando a criança cresceu e se tornou um homem, ele escreveu: "Hoje, quando olho para trás, percebo que aqueles que pareciam tão sem coração na época estavam, na verdade, cheios de compaixão".

◆

Nossa compaixão é muito estranha. Ela distorce tudo, faz tudo ficar impotente. Quando lidamos com os outros, ou até com nós mesmos, somos relaxados e lenientes na mesma medida. A determinação não pode ser desenvolvida dessa forma. Desenvolver a determinação significa que algo precisa ser feito – algo deve ser posto em jogo, decisões precisam ser tomadas – sem a necessidade de pausa, sem a necessidade de parar em algum lugar. Só sob pressão é que a determinação pode surgir.

Aqui, peço que vocês meditem. Quinze minutos são tão difíceis, que eu tenho que puxar o fim antes de dez minutos. Não pensem que estiveram sentados em meditação por quinze minutos. Vendo a condição de vocês depois de meros dez minutos, a meditação precisa ser finalizada. Em quinze minutos, quantas vezes vocês abrem os olhos? Têm alguma noção disso? Nem por quinze minutos são capazes de sentar em silêncio com os olhos fechados. Há algum estado mais patético, mais impotente do que esse?

Sentar-se com os olhos fechados por quinze minutos tornou-se muito difícil. Você tem vontade de olhar o seu vizinho para ver o que está acontecendo com ele. O que está acontecendo atrás de você? Alguém está respirando muito rápido – o que está acontecendo? Você se incomoda com tudo o que está acontecendo ao seu redor, mas não se preocupa nem um pouco com o fato de que não é capaz de sentar-se com os olhos fechados, nem por quinze minutos. Você não se preocupa com o que está acontecendo com você, não se incomoda nem um pouco, não se preocupa com o fato de não ter nenhuma determinação.

◆

Quando um vulcão entrou em erupção em Pompeia, a cidade inteira foi tomada. Um soldado fazia a guarda noturna em uma encruzilhada. Seu turno acabava só às seis da manhã, quando viria outro soldado ficar em seu lugar. O vulcão entrou em erupção às duas da madrugada. Pompeia estava um completo caos, e todos os seus habitantes tremiam. Havia fogo por todos os lados, a cidade estava em chamas, todos estavam correndo.

Enquanto corriam, as pessoas perguntaram ao soldado:

— Por que você está aí parado?

O soldado respondeu:

— Meu turno acaba às seis da manhã. Como posso sair antes disso?

As pessoas disseram:

— Você está louco? Agora não tem mais nada de turno, você vai morrer! Seis da manhã não vai existir, a cidade toda está em chamas!

O soldado retrucou:

— Pode ser. Mas isso é uma oportunidade para que eu descubra se de fato sou um soldado ou não. Como posso me mover antes das seis horas? Se eu sobreviver até as seis da manhã, então terei meu posto. Do contrário, está nas mãos de Deus; não poderei ser culpado.

Dizem que o soldado morreu ali, carbonizado em seu posto. Todo mundo da cidade de Pompeia escapou. Mas não existe nenhuma estátua em memória dessas pessoas. Apenas uma estátua do soldado de pé em seu posto. Houve somente um homem que mereceu ser chamado de homem naquela cidade. Ele tinha força interior; sua mente podia suportar qualquer coisa.

◆

E quanto a nós? Esqueça Pompeia, até se alguém acender um cigarro do nosso lado, abrimos os olhos. Se alguém tossir perto de nós, abrimos os olhos. Que tipo de caráter é esse? Em qual templo poderemos entrar com esse tipo de personalidade? Desse jeito, você não será capaz de entrar em templo algum.

◆ Determinação é a chave para o despertar ◆

Ninguém está nos detendo, a não ser nós mesmos. Só é necessário um pouco de determinação, um pouco de força, um pouco de coragem, um pouco de esforço. E então será possível.

A toda hora, alguém vem até mim e diz que meditou durante um dia, mas nada aconteceu. As pessoas são muito estranhas, bizarras; elas dizem coisas extraordinárias. Depois de meditarem apenas por um dia, elas acreditam que fizeram um grande favor a Deus, e que agora deve estar escrito em Seu livro que Ele está em débito com elas. Nada aconteceu ainda, nada foi visto, não ocorreu nenhum encontro com o infinito. Nada aconteceu, mesmo que elas tenham se sentado com os olhos fechados por quinze minutos – tempo durante o qual elas devem ter aberto os olhos umas quinze vezes! Em nossa persona não há nada que possa ser o chamado, a voz interior; ela não está lá. Até que esteja, não pode existir progresso no caminho do dharma – a missão de vida de cada um. É por isso que digo que a determinação é a primeira chave básica.

A segunda coisa é: o que é determinação? Não é necessariamente entender o que ela significa; é essencial fazer pequenas experiências com a determinação. Quanto mais você praticar, mais ela se desenvolve, do contrário, nunca progredirá. Vocês precisarão começar hoje, agora; se esperarem até amanhã, então ela nunca se desenvolverá. Assim, a segunda chave é: tendo determinação ou não, comece a experimentá-la. Ela irá crescer devagar, mas certamente crescerá.

Um homem põe-se à margem de um rio e diz:

— Quero aprender a nadar.

O treinador responde:

— Venha, entre na água.

O homem fala:

— Até que eu aprenda a nadar, não vou entrar na água. Por que devo me arriscar? Assim que eu aprender a nadar, estarei pronto para entrar na água, mas até lá, não.

Assim fica muito difícil ensiná-lo a nadar. Para ensiná-lo, ele terá que entrar na água e, da primeira vez, terá que fazê-lo sem saber nadar. Suas habilidades no nado só poderão se desenvolver se ele entrar na água. Nadar não é algo que cai do céu no colo de alguém. É algo que só pode ser aprendido tentando. É o resultado de espirros e respingos por todos os lados, e só pode acontecer quando começamos a bater nossos braços e pernas na água.

A busca pela paz

As pessoas dizem que querem a meditação, querem a paz definitiva. Como você conseguirá isso? Fica guardada em algum lugar até que você vá lá e pegue? Não, não fica guardada em lugar nenhum; é criação de seu total e completo esforço. É nossa própria criação; se tentarmos, chegaremos lá. Se você mexer seus braços e pernas um pouquinho hoje, haverá algum progresso amanhã, um pouco mais depois de amanhã, até chegar o dia em que você se dará conta de que aqueles respingos e espirros por todo lado foram transformados em nada.

O que é nadar? É o próprio espirrar da água, o movimento de braços e pernas, mas com um pouco mais de habilidade, um pouco mais organizado. Quando você joga alguém na água pela primeira vez, há só espirros para todo lado. A diferença entre isso e nadar é que ali os movimentos dos braços e pernas estão desorganizados, mas com a prática diária eles ficam organizados.

Quando você se sentar para a meditação hoje, a determinação estará desorganizada. Amanhã estará um pouco melhor. Depois de amanhã haverá um pouco mais de progresso. E para que a pressa? Por que apressar para que aconteça tudo hoje? Por coisas menores e menos úteis na vida, somos capazes de esperar por anos...

Primeiro ponto: Determinação.

Segundo ponto: A determinação não virá através do entendimento, e sim do esforço, da ação.

E o terceiro ponto é: para desenvolver a determinação, a paciência é a maior virtude. Não acontecerá só porque queremos que aconteça. Será preciso muita paciência e serenidade. Quanto mais paciência você tiver, mais rápido vai acontecer. Quanto mais impaciente você ficar, mais difícil será. A impaciência mostra que a determinação não está sendo desenvolvida. A impaciência prova que a determinação jamais será desenvolvida, pois no solo da impaciência nada pode ser criado.

Ouvi dizer...

◆

Na Coreia, dois monges, um velho e um jovem, carregando muitos livros, tinham acabado de cruzar um rio de barco. Era tarde, e o sol estava quase se pondo. A vila estava longe, e o caminho era repleto de densa vegetação e montanhas. Estavam com pressa de chegar à vila.

♦ Determinação é a chave para o despertar ♦

Eles disseram ao barqueiro:

— Queremos chegar à vila antes que o sol se ponha, pois ouvimos dizer que fecham a entrada quando o sol se põe. À noite será perigoso andar pela trilha em meio à floresta. Conseguiremos chegar?

Ancorando seu barco lentamente, sem nenhuma pressa, o barqueiro respondeu:

— Certamente vocês chegarão, mas vão devagar. Se correrem, então não sei dizer se serão capazes de chegar ou não.

Os monges conversaram entre si:

— Será que perguntamos a algum louco? Ele está nos aconselhando a ir devagar... mas, se formos depressa, ele não sabe dizer se chegaremos ou não!

Quando o sol estava prestes a se pôr, eles começaram a correr. Mesmo assim, o barqueiro repetiu:

— Amigos, não se apressem. Eu nunca vi ninguém com pressa chegar até a vila.

Ao ouvi-lo, os monges começaram a correr ainda mais rápido.

Essa é uma peculiaridade dos homens; suas mentes são assim. Eles ainda pensavam que o outro era louco pedindo-lhes que fossem devagar.

Eles correram. Um pouco adiante no caminho, com o sol se pondo, a escuridão se alongando, o velho caiu sobre uma rocha e machucou seriamente o joelho. As páginas dos livros espalharam-se e foram levadas pelo vento. O jovem monge corria aqui e ali, tentando recuperar as páginas perdidas.

Só então o barqueiro os alcançou, cantarolando suavemente, balançando seu cajado. Ele disse:

— Viram? O que eu havia previsto aconteceu. Por que tanta impaciência? Eu disse a vocês para irem devagar por esse caminho. Você só consegue chegar à vila se não estiver impaciente. Isso acontece muito, frequentemente, as pessoas vêm até mim dizendo que precisam chegar à vila depressa. Eu digo a elas para irem devagar, mas elas não dão ouvidos e caem.

O velho monge respondeu:

— Na hora isso não nos ocorreu.

♦

Vocês terão que esperar por um longo tempo; é necessária uma tremenda paciência para a jornada interior. Precisam estar preparados para esperar infinitamente, pois essa é a busca pelo divino. Não é algo que valha algumas moedas, que você passa no mercado e compra. Não é possível correr ali e comprar. Está indisponível, deve ser alcançado; na verdade, pode ser alcançado aqui e agora. Mas aquele que deseja alcançá-lo aqui e agora não será capaz de dar nem um passo em sua direção. Com muita paciência...

Mas o que significa paciência? Paciência não significa nenhuma diminuição do esforço; não significa baixa de energia. A energia deve ser total, o esforço deve ser intenso, mas a paciência deve ser infinita. Preparem-se para a jornada: se não hoje, amanhã, se não amanhã, então depois de amanhã – nós esperaremos.

Crianças, às vezes, plantam sementes de manga. Pouco tempo depois, elas as desenterram para ver se brotaram ou não. Elas são muito impacientes esperando que as horas passem. Então, depois de uma hora e pouco, elas desenterram as sementes novamente para ver se algo aconteceu. Nada aconteceu, e elas ficam extremamente desapontadas. Para que uma semente brote, é necessário que ela fique sob a terra. Ela precisa ficar em silêncio e no escuro, só assim poderá quebrar a própria casca e brotar.

Nosso estado é semelhante ao das pequenas crianças. Por dois ou três minutos, perguntamos "Quem sou eu?" e então pensamos "Oh, nada aconteceu ainda". Você desenterrou a semente. Olhe em volta e veja que os outros ainda estão meditando, eles não foram a lugar nenhum. Você repete as palavras por mais dois ou três minutos, mas de novo lhe vem o pensamento de que nada está acontecendo, está demorando demais. Desse jeito não acontecerá, não pode acontecer.

Assim, lembre-se desses três pontos: você precisa de determinação. Para a determinação, é preciso esforçar-se e, esforçando-se, é preciso ter paciência. Se esses três pontos forem completados, não há razão para que o objetivo permaneça distante. Ele está sempre muito próximo. Se o viajante for habilidoso, poderá alcançá-lo agora, mas se não for, então, vida após vida, pode ser que ele se desvie e nunca alcance seu objetivo.

Essas são algumas das coisas que eu queria lhes dizer.

Agora, vamos nos sentar para nosso experimento. Tenham todas essas coisas em mente. Amigos em pé, devem perceber que sua responsabilidade é maior que a daqueles que estão sentados. Comparado a ontem, há mais algumas pessoas aqui hoje. Algumas não é um número grande. Alguns amigos estão sentados muito próximos a outros, conversando. Isso é bastante indelicado, incorreto. Aqueles que não querem fazer o experimento não precisam fazê-lo, mas não devem cometer o erro de atrapalhar aqueles que querem. Talvez haja alguns amigos novos aqui hoje. Então, explicarei resumidamente o processo a eles.

Para participar desse experimento, primeiro você deve sentar-se com a coluna reta. Segundo, todos os cinco dedos de uma mão devem estar entrelaçados aos dedos da outra. As mãos juntas devem ser postas no seu colo. Conforme a intensidade aumenta por dentro, os dedos irão apertar-se ainda mais, começarão a tremer. A coluna deve permanecer ereta, olhos fechados, lábios juntos e, em sua cabeça, com grande intensidade, grande determinação, com uma voz, em um tom, você deve perguntar: "Quem sou eu?".

Qual o motivo dessa pergunta? Conforme o fervor e a intensidade da pergunta crescem, essa pergunta – "Quem sou eu?" – começa a penetrar fundo aí dentro. Nós mesmos não sabemos quem somos, mas o centro definitivo da vida em nosso interior seguramente saberá.

Você pergunta "Quem sou eu?", e a resposta surge "Eu sou Brahma". Um garoto sentado aqui ontem estava dizendo o oposto, e ele estava certo. Ele estava dizendo:

— Eu sou um fantasma.

Isso é mais correto. Um homem ser Brahma é duvidoso, mas ser um fantasma é acurado! Você não tem que dar nenhuma resposta – quer você seja Brahma ou um fantasma, não responda. Você só deve perguntar: "Quem sou eu?".

Essa investigação, essa questão deve ir o mais fundo possível aí dentro. Quanto maior a intensidade da pergunta, mais fundo ela irá. Quanto mais fundo ela for – maior a intensidade, maior a determinação –, maior e mais maravilhosa será a experiência de paz e calma em sua mente. Quando ela coleta toda a sua energia, fica em paz. Toda a mente deve estar concentrada nessa pergunta. É bem simples, mas é simples apenas se você fizer. Se você não fizer, nada é simples.

4

Paz: a sombra da verdade

Meus queridos,
Um amigo perguntou:

Osho, você é socialista? Comunista?

A pergunta é deveras interessante. Se a existência for comunista, então eu também sou. A existência tem que ser comunista, já que, de seu ponto de vista, ninguém é diferente, todos são iguais. Quando alguém vê a todos como sendo iguais, mesmo que outros vejam algumas disparidades, esse alguém vai querer que, gradualmente, todos se equiparem. Mahavira certamente foi um comunista; Buddha e Jesus também. Embora ninguém tenha perguntado a eles sobre isso. E Gandhi certamente também foi um comunista. Na verdade, alguém fez essa pergunta a ele, ao que ele respondeu: "Eu sou mais comunista que qualquer comunista". Se considerar o bem-estar de todos, desejar o seu progresso e o seu bem for ser comunista, então como qualquer ser espiritual pode ser outra coisa que não um comunista?

Mas, em outro sentido, não sou nem um pouco comunista. A verdade é que não acredito em nenhum "ismo", nenhuma crença, nenhuma doutrina. O comunismo também é um "ismo", uma doutrina, uma crença, uma seita. É uma das mais novas religiões do mundo. Ele tem seus próprios padres, seus próprios templos; tem a sua Meca, sua Varanasi, sua Caaba[13]. O Kremlin

---

13. Caaba é o templo mais sagrado para a religião islâmica, localizado em Meca. (N. E.)

está para os comunistas assim como Meca para os muçulmanos, Varanasi para os hindus. O livro *O capital*, de Karl Marx, é, para os comunistas, o que o Gita, a Bíblia e o Alcorão são para seus seguidores. Neste sentido, não sou um comunista. Não acredito em nenhuma doutrina.

Eu não sou comunista, socialista, fascista ou gandhiano – e nem desejo que alguém se fragmente dessa maneira. Sempre que uma pessoa se prende a uma doutrina, é sinal de escravidão; ela se torna uma escrava. Qualquer um que esteja preso a uma seita perde a liberdade de sua consciência. A partir do momento em que alguém passa a acreditar em determinada crença, começa a perder contato com a verdade. Você tem a verdade ou tem a crença; você é espiritual ou pertence a uma seita. E todas as seitas, sejam elas espirituais ou políticas, só fazem escravizar a consciência humana.

Assim, não me envolvo com nenhuma seita. Se tivesse que escolher uma palavra, eu diria, mais acertadamente, que sou um antissectário, um anarquista – embora anarquista não seja exatamente a palavra correta. Um antissectário não pode pertencer a nenhuma seita porque antissectário significa alguém que não acredita em nenhuma seita. Mas minhas palavras geralmente criam bastante confusão. As dúvidas que surgem a partir das minhas palavras são tantas...

Lembrei-me de uma passagem da vida de Buddha, a qual dividirei com vocês para tentar explicar.

◆

Em uma manhã, Buddha e o monge Ananda passavam por uma vila. No caminho, eles encontraram um homem, que disse:

— Eu creio, eu creio em Deus. Vocês também creem em Deus? Buddha respondeu:

— Deus? Deus não existe. Qual o motivo para se acreditar nele?

O homem foi pego de surpresa. Ele pensou: "Parece que Buddha é ateu".

Ananda também ficou bastante surpreso por Buddha ter respondido de forma tão abrupta que Deus não existia, portanto, não havia por que acreditar nele. Mas permaneceu em silêncio.

À tarde, outro homem veio da vila e disse a Buddha:

— Eu sou ateu e não acredito em Deus. O que você acha, Deus existe?

Buddha respondeu:

— Só existe Deus, nada mais.

Aquele homem pensou consigo mesmo: "Buddha parece ser um religioso".

Após ouvir ambas as respostas, Ananda ficou confuso. O primeiro homem tinha ficado satisfeito por Buddha ser ateu, assim como o segundo, por Buddha ser religioso. Mas o que Ananda deveria entender? Ainda assim, ele se calou, pensando que perguntaria a Buddha à noite, quando estivessem sozinhos.

À noite, outro incidente aconteceu. Um terceiro homem veio e perguntou:

— Eu não sei se Deus existe ou não, o que você acha?

Buddha ficou em silêncio e não respondeu.

Naquela noite, Ananda comentou:

— Eu estou muito incomodado, não consigo dormir de jeito nenhum. O que significa tudo isso? De manhã você disse uma coisa, à tarde outra e à noite não respondeu nada. As três respostas são muito contraditórias.

Buddha rebateu:

— Mas nada do que eu disse foi para você, então por que estava ouvindo? Minhas respostas foram para aquelas pessoas.

Ananda argumentou:

— Mas eu não tive escolha, estava com você e ouvi as três respostas. Aqueles homens foram embora contentes, mas agora tenho um grande problema. O que você é realmente?

Buddha respondeu:

— Eu apenas sou.

— Mas por que você deu três respostas diferentes? — retrucou Ananda.

Buddha respondeu:

— Se você quer entender, pode entender. O homem que vem até mim e pergunta "Deus não existe. O que você acha?" quer que eu endosse a sua descrença, assim ele pode ir embora satisfeito. Aquilo que ele acredita, portanto, torna-se ainda mais forte. Eu quero acabar com todas as crenças, então respondi-lhe: "Deus? Deus existe". Eu quero destruir sua convicção, porque aquele que apenas crê é um escravo. Ele nunca será capaz de descobrir a verdade, independentemente de qual seja sua crença.

"O homem que vem e pergunta 'Deus existe, você acredita?' também quer que eu valide sua crença. Quando respondi que Deus certamente não existia, a questão deixou de existir. Eu também quis destruir sua crença para que, assim, ele se torne livre e comece a buscar a verdade.

"O terceiro homem não acreditava em nada. Ele não sabe se Deus existe ou não. Eu achei bom que ele não soubesse. Por isso calei--me, permaneci em silêncio, para dar-lhe a chance de descobrir."

◆

Até hoje, não conseguimos saber se Buddha, de fato, acreditava ou não – estudiosos ainda debatem essa questão. Eles nunca conseguirão decidir-se, pois Buddha não acreditava e nem deixava de acreditar. Buddha não tinha opinião própria sobre o assunto. Ele queria que todos se livrassem das crenças porque só quem está livre pode alcançar a verdade.

Esses problemas acontecem comigo de manhã até a noite. Você me ouve falar contra alguma coisa e fica incomodado, pensando: "Certamente, esse homem deve ser o oposto de tal coisa". Se eu falar mal do capitalismo, então devo ser um comunista. Mas eu sou contra o capitalismo tanto quanto sou contra o comunismo.

Eu sou contra qualquer "ismo". Desejo uma sociedade que não seja governada por nenhum "ismo". Sou contra todos os "ismos" e contra todas as seitas. Eu não pertenço a nenhuma seita. Por essa razão, tenho que encarar outro problema: todos aqueles que pertencem a uma seita me consideram como inimigo – e não há ninguém que não pertença a uma seita ou outra. É por isso que as pessoas têm dificuldade em considerar--me um amigo.

Não, não sou comunista e nem qualquer outra coisa. Eu mantenho os olhos abertos, observo, e então digo aquilo que me parece certo. Pode ser o certo de qualquer um. O que me parece errado, digo que é errado. Pode ser o errado de qualquer um. Eu gostaria que vocês também não fizessem parte de nenhuma seita ou "ismo".

♦ Paz: a sombra da verdade ♦

É possível estabelecer uma seita ao meu redor também; cultos e acampamentos podem ser feitos ao meu redor. Alguns amigos estão começando a se confundir como meus seguidores. Eu não tenho seguidores e nem quero ter, pois isso constitui uma seita e significa que vocês estão presos a mim. Quero que o homem se liberte de tudo. Ele sempre esteve preso a algo, preso a alguma coisa ou outra. Eu não estou preocupado com o nome escrito no tronco ao qual ele está preso. Preocupo-me em saber por que ele está preso ali. Não é certo que um homem se prenda a um tronco, quer esse tronco seja Gandhi ou Marx, ou mesmo eu. Quero que o homem seja livre de todos os troncos. Sempre que eu me pronuncio contra algum desses troncos ou estacas, seus seguidores passam a achar que eu estou endossando o seu oposto – alguma outra estaca para amarrar as pessoas!

♦

Não estou tentando prendê-las a nada. Eu quero que a mente seja livre. A mente que se livra de tudo alcança a realidade suprema. Este é o único requisito: uma mente liberta, uma consciência que seja livre.

Eu não faço parte de nenhuma seita. Nunca fiz parte de nenhuma seita e nem poderia. Sou contrário ao próprio conceito de seita. Não sou contra nenhuma seita específica, sou contra o conceito. Onde quer que ela exista, eu sinto o cheiro ofensivo da escravidão. Independentemente do seu nome – gandhismo, comunismo, hinduísmo, jainismo, maometismo – não há diferença. Entendam o que eu digo: sempre que a mente estiver presa a algum "ismo", sua jornada ao encontro do divino cessa. É como se você estivesse preso debaixo de uma rocha, você não consegue se levantar, suas asas foram cortadas. Se quiser que sua consciência tenha asas, então nunca se amarre a nada nem a ninguém.

Quando eu digo algo contra alguma pessoa famosa ou eminente, vocês ficam agitados; pensam que sou contra elas. Se vocês acham que eu sou contra pessoas eminentes, então será bastante difícil encontrar alguém que as ame! Não sou contra pessoas famosas. Não sou nem contra Godse, assassino de Gandhi, então como posso ser contrário ao próprio Gandhi? Quando eu falo algo contra uma pessoa eminente, não estou me referindo à pessoa, mas, sim, à sua doutrina, contra a estaca na qual ela prende você. Estou tentando balançá-la para que se liberte. E você adora aquela doutrina, aquela estaca, tanto que sua adoração se torna o meio pelo qual você se amarra a ela. É por essa razão que eu tento destruir a adoração também. Nunca pensem que tenho alguma inimizade pessoal para com essas pessoas.

Mas nossa compreensão é limitada, é bem pouca – e para aquele que está preso a algo, que está sendo prejudicado, a compreensão é ainda menor. Alguém que tem uma crença não pode ter compreensão, alguém que tem um princípio a seguir não pode compreender, pois estão acorrentados desde o início. Eles já começam a ver as coisas na posição de pessoas escravizadas, pelos óculos de um escravizado. São incapazes de enxergar a questão. Não conseguem entender o significado, o propósito e para onde ele aponta.

O que estou propondo, indicando, é que vocês abandonem tudo para que consigam enxergar-se. Não se amarrem a algo exterior, para que as flores aí dentro possam florescer. Aquele que está amarrado aqui fora não conseguirá adentrar-se; alguém que está preso em qualquer lugar ainda está preso. E estar preso é um obstáculo na busca pelo divino.

Só aqueles que não têm pedras de princípios, dogmas e crenças a pesar-lhes sobre o peito podem voar no céu aberto e infinito, o céu que é a verdade suprema, o céu da compreensão total. Portanto, entendam de uma vez por todas que eu não estou preocupado com nenhuma seita. E, se um mundo novo deve ser criado, então que seja sem nenhum "ismo", onde não haja pressão para se pertencer a alguma seita.

Eu sempre acreditei que alguém adepto a alguma seita fosse incapaz de entender as verdades da vida. Seu esforço é direcionado a tentar provar que suas doutrinas são validadas pelas verdades da vida. Para ele, seu "ismo" é o que há de mais importante; as verdades da vida importam, são secundárias. Suas crenças vêm primeiro, e as verdades apenas provam que sua doutrina está correta. Mas a situação é exatamente oposta: nenhuma seita é superior às verdades primárias da vida. Então, viva de acordo com as verdades da vida e não de acordo com "ismos".

Por milhares de anos, o homem tem vivido de acordo com suas crenças. Quando antigos "ismos" se tornam antiquados, novos os substituem. Quando a velha corrente fica enferrujada, fazemos correntes novas e brilhantes. Mesmo quando quebramos as velhas, rapidamente nos acorrentamos às novas, declarando orgulhosamente estarmos livres das velhas correntes.

Se você deixar de ser um hindu, mas virar um comunista, não há diferença alguma. A situação não mudou, apenas o nome da corrente. Se você deixar de ser um jaina para tornar-se um gandhiano, então enganou-se a si mesmo. Escapou de uma seita, mas enrolou-se em outra; não escapou da armadilha das seitas. A alma não conseguiu livrar-se; ainda está presa. O homem não sobrevive em seitas. O que sobrevive é a seita, o homem está liquidado.

Eu quero que todas as pessoas sejam livres, flores em completo desabrochar, florescendo em todo o seu potencial. Por isso não me envolvo com nenhuma seita – de maneira nenhuma. Para que criemos um mundo novo e valioso, é necessário mente aberta e liberta.

◆

Outro amigo perguntou:

Osho, por que você poupa todos os outros e critica apenas Gandhi?

Porque eu não conheço nenhum outro homem de tamanho significado quanto Gandhi, e também porque costumo pensar que, ao falar mal de Gandhi, as pessoas deste país serão forçadas a pensar. Mas tenho me decepcionado. Não houve pensamentos, apenas calúnias e abusos.

Eu fiquei bastante surpreso, pois pensava que os seguidores de Gandhi eram não violentos – mas isso foi um equívoco. Eu pensei que, se criticasse Gandhi, então seus seguidores me pediriam para ir conhecê-los, conversar com eles, expressar meu ponto de vista a eles, falar sobre o que está certo e o que está errado. Mas nenhum deles fez isso. Pelo contrário, os poucos seguidores que ocasionalmente vinham me ouvir desapareceram; sumiram sem deixar rastro.

Eu não imaginava que, após quase quarenta anos de trabalho duro, o processo de pensamento a que Gandhi se dedicou com tanto afinco para estabelecer iria desaparecer em um piscar de olhos. Mas nossa compreensão é muito limitada. Aqueles que são

◆ A busca pela paz ◆

inteligentes sabem que minhas críticas a Gandhi estavam apenas propagando ainda mais o seu trabalho. Mas quem consegue explicar isso aos tolos e insensatos?!

O trabalho e a visão de Gandhi morreram com ele. Na verdade, morreram até antes que ele perecesse. Quando isso aconteceu, Gandhi desejou a própria morte. Para reviver seu trabalho, é necessário que comecemos a pensar de novo. Assim, eu tinha esperança de que um choque poderia ser útil; o país voltaria a pensar. Então percebi que não havia nenhum sentido em chocar aqueles que já estão mortos, não adianta nada. O que tenho passado nos últimos dois ou três meses tem sido bastante revelador, muito esclarecedor: este país perdeu sua habilidade de introspecção. Paramos totalmente de pensar.

É fácil argumentar com alguém como eu, porque eu nunca falei que aquilo que digo é a única verdade. Brigar comigo não é tarefa fácil, pois eu deixo bem claro que tudo aquilo que digo pode estar certo e pode estar errado. Discutir é possível, tirar conclusões também. Tudo o que quero é que haja uma atmosfera no país a favor da introspecção, da discussão, do diálogo – isso é tudo o que desejo. Mas não acontece.

Se critico alguma coisa, então, do lado de lá, começa uma avalanche de abusos. Em vez de debaterem se aquilo que eu disse está certo ou errado, colocam minhas ideias de lado e dão um rumo totalmente diferente para as coisas. Isso é extremamente lamentável e bastante prejudicial ao futuro da Índia – é até difícil imaginar quanto.

Mas, se não hoje, certamente amanhã teremos que falar sobre o assunto.

Eu amo Gandhi, não existe nenhuma questão de inimizade. Meus amigos me perguntam se sou inimigo dele. Eu não sou inimigo de ninguém; sou incapaz de inimizades e, por não poder ser um inimigo, sou capaz de falar clara e abertamente. Ao menos sobre nosso próprio povo, deveríamos ser capazes de falar aberta e honestamente. Mas, de alguma forma, acabamos tão encurralados pelo medo, que, mesmo sobre nosso povo, não podemos falar aberta e candidamente.

O que eu queria não pôde ocorrer. Muitas coisas de fato ocorreram, escreveu-se sobre elas, falou-se sobre elas, mas o processo de pensamento que deveria ter sido posto em movimento não foi alcançado. A Índia perdeu sua capacidade de pensar. As pessoas

◆ Paz: a sombra da verdade ◆

achavam que eu talvez quisesse pôr de lado a imagem de Gandhi e me colocar num pedestal em seu lugar.

Sou contra todos os ídolos, então por que iria querer colocar a mim mesmo num pedestal? É necessário tirar alguém da posição que ocupa para abrir espaço para você? Existe tanto espaço disponível neste mundo, que você pode ir a qualquer lugar e fazer de si mesmo um ídolo. Qual a necessidade de destruir o ídolo de alguém? Existem tantos tolos no mundo que, mesmo que um deles se mude para outro lugar qualquer, não há de faltar adoradores. Eles apenas encontrarão outro ídolo para seguir.

Tantos deuses são adorados – há alguma escassez? Existem quase trezentas religiões no mundo e ninguém sabe quantos deuses ou deusas há em cada uma delas. Só na Índia existem trinta e três milhões de deuses e deusas – quase um deus para cada pessoa! Pode haver algum problema aqui para encontrar alguém que adore seu ídolo?

Qual a necessidade de destruir o ídolo de alguém? Isso só irá criar um monte de problemas: se os deuses se ofenderem, então será muito difícil estabelecer seu próprio ídolo. O mais prático aqui é honrar e admirar todos os deuses e deusas e, então, na surdina, abrir um lugarzinho para você. Aí tudo se torna simples.

Mas eu não quero um lugar que seja meu, não quero fundar nenhuma seita ou ter seguidores, pessoas adorando a mim. Tudo o que quero é que o país acorde, comece a pensar. As pessoas devem começar a pensar, a discutir, a observar em vez de continuarem cegas. Mas parece que fizemos um voto para permanecermos cegos. Se alguém tenta nos acordar, ficamos bravos: "Por que você está atrapalhando nosso sono? Estamos dormindo em paz, tendo lindos sonhos e você está nos atrapalhando".

Agora estou começando a acreditar que, ao pedir para alguém pensar, estou tornando-o meu inimigo. Essa pessoa fica brava. Não pensar é confortável, pensar traz desconforto, pois, quando você começa, algumas coisas na vida parecem falsas e uma mudança acontece. Se alguém pensar sobre si mesmo, então terá necessidade de mudar a si mesmo. Se o pensamento for sobre o mundo exterior, então a sociedade precisará mudar. Pensar é o primeiro passo no processo da revolução. Assim que o pensamento começa, a transformação é inevitável.

Portanto, se você quiser salvar-se das mazelas da mudança, o primeiro passo é: nunca pense. Lembre-se da verdade básica – nunca pense! Isso traz um conforto enorme.

Um homem pode dormir profundamente e não precisar lutar na vida; ele apenas passa meio morto por ela, até que morre de vez. Esse tem sido nosso destino há milhares de anos. Essa foi nossa base – nunca pense.

É por isso que quando alguém nos força a pensar não ficamos felizes ou gratos; ficamos bravos. Ficamos bravos porque algo ou alguém nos forçou a pensar, embora devêssemos ficar gratos por isso. Agradecemos àquele que nos coloca para dormir, àquele que nos dá o ópio e nos diz para tomá-lo e ir dormir sem nenhuma preocupação. Somos gratos a ele por nos dar pílulas de ópio. Agora podemos dormir em paz.

◆

Um amigo fez uma pergunta a qual considerei ignorar, mas, levando-se em conta o contexto, talvez ignorá-la não seja apropriado. Ele perguntou:

Osho,
Você já teve algum contato ou associação com Gandhi?

Quando era vivo, tive bem pouco contato. Mas desde sua morte, tenho estado profundamente envolvido com ele. Quando Gandhi era vivo, eu era muito jovem. Apenas uma vez tive um rápido contato, um encontro breve, e encontros desse tipo não têm nenhuma relevância. Mas desde que morreu, eu tenho me envolvido regularmente com Gandhi. E não é só em pensamento que eu digo estar em contato com ele; há uma associação num nível mais profundo também. Eu estava considerando ignorar essa pergunta porque pode ser muito difícil entender a resposta. Mas já que alguém perguntou, responderei, porém vocês não precisam acreditar no que digo.

Normalmente, acreditamos que podemos nos relacionar apenas com aqueles que têm forma física. Acreditamos também que só podemos interagir com quem está presente, à nossa volta. Essas crenças não são científicas e estão fundamentalmente incorretas. Relacionamentos são totalmente diferentes. Duas pessoas podem estar a milhares de quilômetros de distância e a conexão entre elas ainda pode ser tão forte quanto a de duas pessoas que estão sentadas lado a lado. Até a ciência já confirmou esse fato.

No passado, somente aqueles cujo trabalho estava focado no mundo misterioso dentro de si mesmos acreditavam nisso, uma crença esotérica. Sabiam que milhares de quilômetros não era distância nenhuma. Se uma pessoa conhece a arte de se conectar a outra internamente, então ela consegue conectar-se mesmo quando há milhares de quilômetros entre as duas – por muitos anos as pessoas costumavam se relacionar dessa maneira. Agora, a ciência confirmou que isso não é uma mera possibilidade, mas um fato. O endosso veio dos lugares mais inesperados. A primeira confirmação veio da Rússia: distâncias de milhares de quilômetros são imateriais, e é possível comunicar pensamentos através da telepatia.

Um cientista, Fedyaev, foi bem-sucedido em um experimento para estabelecer uma conexão a mais de dois mil e quatrocentos quilômetros. Sentado em Moscou, ele conseguiu enviar uma mensagem mental a um homem sentado em um parque na cidade de Tiblissi.

◆

Em Tiblissi, a muitos quilômetros de Moscou, um homem estava sentado no banco de um parque. Ele era apenas um estranho que havia saído para uma caminhada e sentou-se em um banco para descansar. Suponhamos que ele tenha se sentado no banco número onze.

Ele estava sendo observado. Fedyaev e seus colegas, falando ao telefone com alguém no parque, foram avisados de que de tal a tal hora um homem vinha e se sentava em um banco. Foi solicitado que Fedyaev lhe enviasse uma mensagem pedindo para que adormecesse imediatamente. Fedyaev comunicou seus pensamentos ao homem, sugerindo-lhe: "Vá dormir... durma...". A muitos quilômetros dali, o homem fechou os olhos lentamente e adormeceu.

Podia ser também que o homem estivesse cansado, e por essa razão adormeceu. Então, o amigo que estava no parque disse:

— Ótimo, ele dormiu; agora são tantas horas, por favor, acorde-o imediatamente. Assim terei certeza, do contrário, é possível que ele tenha apenas adormecido por conta própria.

Àquela distância, Fedyaev sugeriu ao homem:

— Acorde agora!

E o homem abriu os olhos e se levantou.

O amigo no parque perguntou ao desconhecido:

— Você sentiu alguma coisa estranha?

Ele respondeu:

— De fato, senti alguma coisa. Quando adormeci, senti como se alguém estivesse me pedindo para dormir. Mas eu estava cansado, então pensei que pudesse ser sugestão da minha própria mente. Eu dormi. Mas, ao acordar, também senti como se alguém estivesse me pedindo para acordar.

◆

Fedyaev fez muitos outros experimentos depois desse. O verdadeiro propósito era ser capaz de estabelecer contato telepático – comunicação por pensamento – com astronautas, pois no espaço existe a possibilidade de que os instrumentos quebrem, e então nenhuma comunicação seria possível. Uma vez que os instrumentos param de funcionar, não existe nenhuma possibilidade de contato com o astronauta. Seria difícil, inclusive, estabelecer se ele estaria passando por alguma dificuldade ou se teria desaparecido no espaço infinito. Se os instrumentos externos parassem de funcionar, seria essencial que os instrumentos internos assumissem. Eles trabalham para que isso seja possível. Do contrário, viagens interespaciais ficam muito arriscadas.

Assim como é possível estabelecer contato com pessoas a muitos quilômetros de distância, há também maneiras de estabelecer um elo com alguém que não está mais vivo. Para nós, parece que isso é até mais difícil. Vocês se espantarão em saber que, quinhentos anos após a morte de Mahavira, alguns de seus amados seguidores disseram que ele mantinha contato com eles. Por isso demorou quinhentos anos para que os livros de Mahavira fossem escritos. Foram escritos em um tempo no qual se acreditava não haver mais ninguém apropriado, ou com a habilidade de estabelecer uma conexão interna com o espírito. Com medo de que a voz de Mahavira se perdesse, eles a transcreveram.

Por milhares de anos, enquanto existiu a possibilidade de manter uma interação, um relacionamento direto com pessoas que não estavam mais vivas, os livros não foram escritos – não era necessário escrever livros sobre essas pessoas. Vocês ficarão surpresos ao perceberem que os livros não só representam o desenvolvimento humano, mas, em certa medida, também sua deterioração. Por milhares de anos, os Vedas – escrituras sagradas, base do hinduísmo – não foram escritos. Por milhares de anos, nenhum manuscrito significativo foi escrito. De uma forma geral, eram uma questão de compulsão. Quinhentos anos após a morte de Mahavira, ainda não havia necessidade de escrever livros sobre ele porque era possível perguntar a Mahavira diretamente. Mas, quando não houve mais pessoas com essa habilidade, tornou-se necessário escrever. As escrituras budistas foram escritas cento e cinquenta anos após a morte de Buddha.

Hoje, posso dizer que não existe uma única pessoa entre os seguidores de Mahavira capaz de estabelecer uma conexão com ele. Mas entre os seguidores de Buddha, ainda há alguns que podem se conectar. É ainda mais milagroso no caso de Jesus: entre seus seguidores, existem muitos que são capazes de estabelecer uma conexão com ele.

Uma religião na qual é possível estabelecer um elo direto com sua fonte parece seguir viva. Mas, no instante em que esse elo se rompe, o relacionamento perece. Ao longo de sua vida, Gandhi trabalhou duro, mas nunca se incomodou em saber se havia alguém ao seu redor capaz de estabelecer um relacionamento com ele após sua morte.

Mas não é como se apenas Mahavira ou Buddha tivessem feito isso; essa prática continua sendo feita. Mesmo após a morte de Madame Blavatsky[14], houve continuidade do relacionamento entre ela e Annie Besant. Após sua morte, Annie Besant[15] manteve contato com J. Krishnamurthi[16]. Mas Krishnamurthi separou-se dos teosofistas e, por não haver mais ninguém capaz de estabelecer uma conexão com madame Blavatsky ou Annie Besant, o movimento teosofista morreu.

14. Elena Petrovna Blavátskaya (1831-1891), mais conhecida como Madame Blavatsky, foi uma escritora russa responsável pela sistematização da teosofia moderna e cofundadora da Sociedade Teosófica. Dizia ter a missão de divulgar o mundo espiritual para o Ocidente. (N. E.)
15. Annie Wood Besant (1847-1933) foi uma escritora, teósofa e ativista inglesa, autora de uma vasta obra literária sobre teosofia. (N. E.)
16. Jiddu Krishnamurti (1895-1986) foi um filósofo e educador indiano que escreveu sobre a autodisciplina, a natureza da mente, a origem do pensamento e a realização de mudanças positivas na sociedade. (N. E.)

◆ A busca pela paz ◆

É mais que possível manter um elo com pessoas que já morreram; por outro lado, é difícil estabelecer contato com as que ainda estão vivas porque o corpo sempre atrapalha. Já que vocês perguntaram, devo dizer que não tive nenhum tipo de relacionamento com Gandhi durante sua vida. Mas, depois que ele se foi, tenho me esforçado ao máximo para estabelecer contato com ele. Também gostaria de lhes dizer que, se vocês tentarem, podem manter esse vínculo com qualquer pessoa. Não significa que Gandhi tenha renascido em algum lugar. Para ele, o renascimento seria muito difícil, pois até agora não existe nenhum útero capaz de dar à luz novamente uma pessoa como ele. A espera pode ser muito longa.

Mas esse é outro assunto e não vou me alongar nele, pois não há nada a ser dito, nada a considerar, nada que possa prová-lo. Portanto, deixarei essa questão de lado, apenas toquei nela porque o assunto surgiu.

Posso dizer-lhes que não critiquei Gandhi sem discutir isso com ele. Do contrário, nunca o teria criticado; nunca teria levantado o assunto. Somente quando estava convicto de que a crítica era justificável, que teria a aprovação de Gandhi, foi que eu a fiz. Mas agora sinto como se não valesse a pena me incomodar com isso. Parece não haver nenhum ponto a trabalhar com Gandhi. Seus seguidores já o consideram como morto, e falar sobre alguém que já morreu não lhes parece certo. Eles continuam a me escrever, a perguntar por que eu insisto em falar sobre alguém que já morreu. Pessoas como Gandhi não morrem. Mas ninguém compreende isso, e continuam a considerá-las mortas. O motivo é que ninguém consegue estabelecer um relacionamento com essas pessoas.

Todo o meu esforço é para preparar algumas pessoas a fim de que elas possam experimentar um pouco como é estabelecer uma conexão, um relacionamento desse tipo que tenho falado. Mas a preparação é um sonho muito distante; até chegarem onde estou, mil obstáculos serão postos no caminho. Portanto, em um nível profundo, o trabalho esotérico possível, as fontes de sensibilidade que podem ser destravadas aí dentro permanecem intocadas e inalcançadas.

◆

A Terra fica mais pobre todos os dias, pois todas as formas de estabelecer uma conexão com as almas mais sábias ainda presentes tornaram-se impotentes. Temos que reviver essas habilidades. Vemos apenas o que está na superfície, e não o que está no interior. Não há motivo para olharmos para dentro, pois não temos nenhuma vida ali.

Isso que acabei de falar é como ir até um homem cego e dizer:

— Posso ver a luz, estou conectado com o sol.

Ele responderá:

— Que sol? Qual luz? Você deve estar louco! Onde está o sol? Onde está a luz?

O homem cego não percebe que não tem olhos. Nenhum homem quer aceitar que lhe falta algo. Ele dirá que o sol não existe, que você está errado. É por isso que não há muitos motivos para falar sobre visão com alguém que é cego; ele não conseguirá entender e passará dificuldades.

Meu problema é que aquilo que quero dizer a vocês, não sou capaz de dizer, e o que eu consigo dizer parece estar incompleto. Com quem devo falar? E o significado extraído de minhas palavras é até mais estranho e surpreendente. E, lentamente, me vem o pensamento de que aqueles que ficaram em silêncio após ouvirem devem ter tido uma razão para tal silêncio. Por quanto tempo pode-se bater a cabeça contra a parede?

◆

Havia um monge na Índia, Bodhidharma[17]. Ele era uma pessoa estranha e singular. Nunca encarava a pessoa quando falava com ela. Se um dia você fosse se encontrar com ele – claro, provavelmente não aconteceria, já que ele nunca vinha a Mumbai e você não iria a lugar nenhum para encontrá-lo –, ficaria atônito ao ver que ele lhe daria as costas e encararia a parede.

Muitas pessoas lhe perguntaram:

— Que tipo de comportamento é esse? Nós viemos lhe fazer umas perguntas e você se senta virado para a parede.

Bodhidharma respondeu:

— Assim é mais conveniente.

As pessoas persistiam e perguntavam:

---

17. Mestre indiano que viveu no século 5 ou 6 d.C., Bodhidharma é o primeiro patriarca do Zen chinês (Ch'an) e é o 28º na linhagem do budismo indiano, iniciada por Buda Shakyamuni. Considerado o introdutor das artes marciais nos templos Shaolin. (N. E.)

— Mas o que significa isso?

Então, Bodhidharma explicava:

— Quando eu olho para você e falo, parece que estou batendo com a cabeça na parede. Então, quando olho para a parede e falo, há ao menos uma certeza: a parede, definitivamente, não vai me ouvir e não me entenderá mal. Olhar um homem enquanto se fala é difícil. Ali, a parede é igualmente sólida, mas também é perigosa, porque ela mal entende.

Então, Bodhidharma completou:

— Quando vier até mim um homem que não é uma parede, então certamente falarei com ele frente a frente.

Por nove anos, aquele homem continuou encarando a parede. Ele devia ser alguém com muita determinação, porque dar as costas às pessoas não é fácil, é muito difícil. Você sente pena delas e quer dizer-lhes algo que possa ajudá-las. Aí começa o problema: após falar, você se dá conta de que o que você disse não foi entendido, ouviu-se outra coisa, algo que nunca fora dito.

Por nove anos, ele ficou encarando aquela parede. Na Índia, durante nove anos, ele não ficou cara a cara com ninguém; apenas continuou olhando para a parede. Da Índia foi à China, onde um homem veio até ele e disse:

— Você vai virar-se para me encarar ou devo arrancar minha cabeça?

Imediatamente, Bodhidharma virou-se para ele e perguntou:

— É você o homem?

Um homem que está disposto a arrancar a própria cabeça consegue ouvir. De fato, uma vez que você encara a verdade, existem todas as possibilidades, todas as probabilidades de que sua velha cabeça – seu velho ego, suas velhas noções, tudo o que você conhece, suas opiniões, suas escrituras, seu isso e aquilo – tenha que ser arrancada.

Bodhidharma declarou:

— O homem capaz de arrancar a cabeça veio. Agora, terei que encará-lo para falar com ele.

◆

Pessoas assim desapareceram. Não existe quase mais ninguém disposto a ouvir aqueles que estão vivos, portanto, quais as chances de as pessoas começarem um relacionamento com aqueles que já morreram?

O mundo não é composto somente por aquilo que você pode ver e ouvir. Ele não consiste apenas naquilo que você pode ver com seus olhos e ouvir com seus ouvidos. O mundo vai além disso; há muito mais do que isso. Presente ao seu redor, perto de você, existem muitos seres vivos, almas. Mas não consegue vê--las nem sentir qualquer conexão com elas. Nem sequer sabe que alguém está presente.

Se algum dia você ler a história de Mahavira, encontrará um incidente bastante estranho. Historiadores ficam encantados com ele e acreditam que deve ser alguma mentira, pois a história registra apenas aquilo que os olhos podem ver. E esses registros também podem ser vistos por milhares de pessoas distintas, de mil formas diferentes. Mas pode-se acreditar na história...

◆

Edmund Burke, um filósofo irlandês, estava escrevendo um livro sobre a história do mundo. Ele já havia escrito metade do livro. Cerca de mil e quinhentas páginas. Ninguém jamais havia conseguido escrever uma história tão elaborada sobre o mundo. Ele trabalhou dia e noite e passou trinta anos de sua vida escrevendo.

Um dia, enquanto escrevia, ele ouviu uma certa comoção do lado de fora. Viu alguns de seus vizinhos correndo para fora de casa, então saiu e perguntou:

— O que aconteceu?

Os vizinhos responderam:

— Alguém foi assassinado atrás da sua casa.

Burke foi até lá com eles.

O cadáver estava lá, o assassino havia sido pego, e uma grande multidão juntara-se em volta. Perguntaram a um homem o que havia acontecido. Ele contou uma história. Perguntaram a mesma coisa a outro homem; que contou outra. Um terceiro homem foi questionado e veio com outra história. Mas todos eles eram testemunhas oculares.

Burke questionou:

— Isso aconteceu na frente de vocês. Como não temos duas versões que concordem? Aconteceu atrás da minha casa, o corpo ainda está lá, o sangue ainda escorre, o assassino foi pego, há uma multidão aqui, mas não há duas pessoas que concordem com relação ao que aconteceu. Cada um conta uma história diferente.

Burke entrou e queimou o livro que estava escrevendo, ateou fogo a trinta anos de trabalho. Ele disse:

— Estou tentando averiguar o que aconteceu há dois mil anos, mas pessoas com olhos não conseguem chegar a um acordo em relação ao que aconteceu atrás de minha casa. Isso tudo é inútil. A história é inútil.

Ele ateou fogo em seu trabalho.

Era um homem sábio; se os demais historiadores fossem sábios, também perceberiam a inutilidade da história e incendiariam seus livros.

◆

O incidente na vida de Mahavira, repetido amiúde, é este: milhares de pessoas o estavam ouvindo, e milhares de almas também. Mas aquelas almas divinas não podiam ser vistas por ninguém, então como poderiam estar ouvindo? Historiadores diriam: "Estávamos presentes, nós podíamos ver as pessoas, mas não podíamos ver nenhuma alma divina. Como é possível vê-las?".

Mas é fato que existem formas de vida mais avançadas que o homem e, quando alguém como Mahavira fala, não são apenas os humanos que ouvem, almas divinas também o fazem. Mas isso só faz sentido àqueles capazes de entender. Para os cegos, não há motivo para dizer tais coisas. Muitas devem permanecer não ditas, não se pode falar delas. Eu espero que chegue um dia em que tais coisas possam ser discutidas.

Mas agora, devagar, começo a supor que estou cometendo o mesmo erro que muitos cometeram antes de mim – e falharam. Essa falha é bem antiga, volta anos e anos no tempo. Mas, de novo e de novo, sinto que devo fazer mais uma tentativa. Eu sei que as pessoas crucificaram Jesus e atiraram em Gandhi. Elas continuarão com seus velhos hábitos; não farão nenhuma exceção ao meu caso. Mas, ainda assim, a mente diz: "Vamos tentar mais uma vez, que mal pode haver?". Para aquilo que um dia desaparecerá de qualquer jeito, que diferença faz se morrer por conta própria ou se alguém o apagar? Qual a diferença? É por isso que estou tentando mais uma vez.

Qual rixa existe entre mim e Gandhi? Quem pode ter qualquer antipatia por alguém tão amável quanto ele? Meu esforço é outro, e talvez um dia vocês sejam capazes de compreendê-lo. Continuarei tentando, permanecerei martelando em suas cabeças na esperança de que um dia venha a percepção de que, sim, algo desse tipo é possível. Meu objetivo é apenas esse.

◆

Outro amigo perguntou:

Osho,
Qual seu objetivo com todas as suas palestras?

Eu possuo um único objetivo: despertar a consciência adormecida dentro de nós. Ninguém que tenha tentado isso jamais teve outra intenção; o único objetivo era despertar a consciência adormecida, despertar a alma dentro de um homem. Tentaram-se milhares de técnicas para alcançar esse feito, às vezes pode parecer que há contradições entre os métodos, mas nunca houve nenhum conflito.

Mahavira e Buddha viajaram pelo mesmo estado da Índia, Bihar, simultaneamente. Se você os tivesse ouvido falar, ou as pessoas que os ouviram... Entre vocês aqui, deve haver muitas pessoas que os ouviram falar, porque não é a primeira vez que passamos pela Terra. Já estivemos muitas vezes aqui e continuaremos a vir muitas outras vezes no futuro. Há muitas pessoas que ouviram Mahavira e Buddha falar, e algumas estão presentes aqui também – mas não têm consciência disso.

Mahavira e Buddha continuaram viajando pelo mesmo estado e falando mal um do outro. As pessoas ficariam chocadas com a estranheza daquilo tudo – Buddha e Mahavira contradizendo um ao outro! Qual a necessidade de falar mal um do outro? E eles falavam coisas pesadas. Não pensem que utilizavam palavras gentis, eram extremamente severos.

Buddha frequentemente zombava de Mahavira. Uma vez, Buddha disse:

— Existe alguém chamado Niganthnath Putta Mahavira. As pessoas dizem que ele é o sabe-tudo, mas sei que, na verdade, ele pedirá esmolas em uma casa na qual não vive ninguém. Só mais

A busca pela paz

tarde, quando ninguém o atender, é que ele perceberá que não tem ninguém em casa. Ainda assim, seus seguidores acreditarão que ele é o sabichão, onisciente, conhecedor das três palavras.

E eles seguiam fazendo relatos ultrajantes.

Mahavira diz que a alma é a única sabedoria, a única verdade, a única religião. A alma é o infinito; é tudo o que existe. E o que Buddha diz? Buddha diz que a alma é a ignorância e que aquele que acredita nela está fadado a extraviar-se; aquele que segue a alma certamente dará com a cara no muro. Não há ignorância maior do que acreditar na alma.

É muito estranho: um diz que a alma é a sabedoria, o outro diz que a alma é a maior ignorância. Agora, estamos em uma situação difícil. Mas aqueles que entendem, sabem que não existe nenhum problema. Buddha tem um jeito, uma técnica, um método de acordar a consciência. Mahavira tem uma maneira diferente de fazer a mesma coisa. Ambos têm o mesmo objetivo, só os meios são diferentes.

Mahavira diz que a alma é sabedoria, a alma é tudo. E, ao mesmo tempo, ele pergunta: "Mas quando é que você conhecerá a alma? Só quando o seu ego baixar é que você será capaz de saber; quando não houver mais ego, então você saberá o que é a alma". Buddha diz: "A alma é ignorância, pois a alma é o ego. Quando a alma desaparecer, só então você saberá". Não há diferença entre os dois.

Na Índia, todas as pessoas cultas têm declarado que existem infinitas vidas e que, por infinitos nascimentos, nós temos permanecido parados, perdidos, estagnados no mesmo círculo. "Por quanto tempo você continuará fazendo isso? Desperte agora", eles dizem. Por outro lado, Jesus e Maomé afirmam que não existem infinitos nascimentos e que há somente uma vida. Dizem: "Você tem apenas uma oportunidade: se acordar agora, irá despertar; senão, terá perdido a oportunidade para sempre. Portanto, desperte agora!".

Isso é muito estranho. Aqui, nossos professores dizem que estivemos perdidos por infinitas vidas, dando repetidas voltas em um círculo, e perguntam por quanto tempo continuaremos fazendo isso. "Você não está entediado? Fique entediado com tudo isso e desperte agora." Por outro lado, Jesus e Maomé dizem que não há infinitos nascimentos, só existe essa vida. Se a perdermos, será para sempre e não haverá segunda chance. "Se você quiser despertar, faça-o agora." Essas afirmações parecem muito contraditórias, mas aqueles que entendem percebem que não é assim. Contam que ambas são tentativas de despertar o homem de seu sono.

Existem contradições nas palavras de todos os professores do mundo; e continuará sendo assim. Mas nunca haverá nenhuma contradição na intenção. No entanto, a compreensão do homem é muito limitada. As pessoas se atêm às palavras e ficam confusas. Elas não conseguem se aprofundar e determinar a verdade nua e crua.

◆

Outro amigo perguntou:

Osho,
Você pede que as pessoas não toquem seus pés. Por quê?

A razão pela qual peço para as pessoas não tocarem meus pés é simplesmente porque, se você tocar os pés de alguém, perderá a oportunidade de tocar os pés do divino que está presente em todos nós. Esses pés estão por toda parte e em lugar nenhum. Seus olhos devem ser direcionados a esses pés. Seus passos podem ser ouvidos, mesmo entre as estrelas e a Lua. As flores e as borboletas também ecoam os sons desses pés. Entre os homens, e até entre as pedras, você pode ouvir o som desses passos. Suas mãos devem estar unidas em respeito apenas pelos pés que envolvem o universo inteiro. Não é necessário curvar-se a nenhum homem em particular.

Por quê? Não é porque haja qualquer coisa errada em se curvar. Curvar-se é uma experiência excepcional. Aquele que não for capaz de se curvar, não vale um centavo, é inútil. Mas, se for necessário curvar-se, que seja aos pés da existência, para que não haja nenhuma necessidade de levantar-se novamente. Agora, se você se curva para tocar os meus pés, no instante seguinte terá que se levantar de novo – problema resolvido. Você se curva e então ergue-se novamente; desperdiçou seu esforço. Não existe nenhum sentido nisso, nenhum valor.

Um homem foi até Ramakrishna e lhe disse:

— Vou mergulhar no Ganges. Ouvi dizer que se você se banhar lá, lavará todos os seus pecados.

Ramakrishna respondeu:

— Sim, eles serão lavados. Mas certifique-se de que não irá sair mais do rio, porque, se o fizer, eles voltarão para você. Vê aquelas árvores altas nas margens do rio? Quando você vai mergulhar... O rio é sagrado, então, quando se mergulha nele, seus pecados saem de você e pulam naquelas árvores. Sabia que é por isso que elas estão ali? Os pecados ficam nelas, esperando você. Afinal, por quanto tempo consegue ficar na água? Depois de algum tempo, você irá sair pensando que os pecados desapareceram. Mas eles pularão de novo em você.

"Encontre o rio do qual você não precise sair. A existência também tem o seu Ganges, e se você mergulhar nele, isso será tudo; não existe saída de lá. Mesmo que você queira sair, não há aonde ir – aquilo é tudo o que existe."

◆

Assim, eu lhes digo: existem esses pés, aos quais se você se curvar, não será necessário erguer-se novamente. Só tem sentido se homenagearmos esses pés. Se você tiver que se curvar e levantar-se de novo, não há sentido algum, é inútil.

Por isso, falo que não é necessário curvar-se. Mas você terá que se curvar. Esse é um assunto muito sensível e delicado – não conclua equivocadamente, pelo que eu venho dizendo, que você nunca terá que se curvar. Quando eu peço a vocês para não se curvarem aos meus pés, alguns devem ficar bastante felizes, pensando que eu disse algo maravilhoso. Não porque eles têm intenção de se curvar aos pés da existência, mas porque se sentem desconfortáveis em curvar-se perante alguém. Eles considerarão minha afirmação como correta, absolutamente acertada. Alguém arrogante pensará que foi bem dito – de acordo, ninguém deve curvar-se.

Mas eu não disse que vocês não devem se curvar; eu estou apenas pedindo que não se curvem aos meus pés. Não tirem conclusões equivocadas de que estou lhes dizendo para não se curvarem de jeito nenhum. Eu só orientei que não se curvem sem necessidade, e esse tipo de reverência é, de fato, inútil. Qual o sentido de curvar-se diante de outro homem? Não há sentido nenhum. Esse corpo é puro barro, e não há sentido em se curvar ao barro. É como adorar o barro, e a partir disso, seguem-se outras práticas erradas. Quando o homem ao qual você se curva desaparece, fazem uma estátua de pedra dele e a adoram. Aqui, a prática de curvar-se deu errado.

Não, existe um mundo cheio de verdadeira sabedoria à nossa volta, seus tentáculos estão espalhados por toda parte. Para curvar-se aos pés da existência, não é preciso unir as mãos, alinhar os pés e abaixar a cabeça. Curvar-se perante a existência implica uma flexibilidade interior, uma conformidade interior, uma redenção ao que existe por dentro. Então, você verdadeiramente se curva.

E a peculiaridade é que: a pessoa que se curva assim, nunca mais tem que se curvar, porque ela para de considerar o outro como seu superior. Aquele que se curva aos pés da existência alcançou o ponto máximo, não há nada mais alto que isso. Esses pés estão em tal nível, em tal pico, que curvar-se a eles não o faz abaixar-se, mas o eleva a níveis ainda mais altos.

Lao Tzu, o fundador do taoísmo, costumava dizer: "Benditos sejam aqueles que se curvaram, pois jamais terão que se curvar". Esse homem está dizendo algo muito estranho, deixem-me repetir. Ele diz: "Benditos sejam aqueles que se curvaram, pois jamais terão que se curvar". Agora, como é possível que alguém que já esteja curvado não se curve? Lao Tzu também diz: "Benditos sejam aqueles que perderam, pois ninguém poderá derrotá-los". Como é possível derrotar novamente alguém que já foi derrotado?

O vencedor está sempre com medo de perder. Assim, o homem vitorioso nunca é totalmente um vencedor, pois ele carrega em si o medo de perder. Lao Tzu afirma que aqueles que perderam são abençoados. Eles já foram derrotados, então ninguém mais poderá derrotá-los agora. Benditos aqueles que estão no fundo, pois não há lugar mais derradeiro a que possam ir.

Mas quem são essas pessoas que estão no fundo? Quem as derrotou? Aqueles que se curvaram diante da existência, ascenderam, foram elevados. Aqueles que se renderam à existência, venceram; eles são vitoriosos. Agora, não mais existe possibilidade de derrota.

Claro que digo que não se curvem aos meus pés. Essa noção de meus pés, seus pés – a própria ideia de meu e seu – é o obstáculo que o impede de se curvar. No ponto em que a distinção entre meu e seu desaparece, o curvar-se começa; nesse ponto, você aprende como se curvar.

Então, por favor, não fiquem bravos. Alguns amigos me perguntaram por que eu disse isso; eles querem tocar-me os pés. Existem hábitos muito estranhos em nosso país. Se um homem diz "Não me toquem os pés", então isso pode tornar-se uma ótima técnica para que as pessoas de fato lhe toquem os pés. Você pede às pessoas para ficarem longe e elas vão querer chegar mais perto. Se você as insultar, elas acreditarão que este é outro grande mestre iluminado. Esse tem sido nosso hábito há milhares de anos. Pessoas astutas e espertas têm explorado esse hábito, já que aparentemente, um homem que pede que você não toque em seus pés deve, certamente, ser um grande homem; seus pés devem definitivamente ser tocados. Eu não disse isso por essa razão.

Eu disse que você deve estar pronto para se curvar, mas não no lugar errado. Abaixe-se, curve-se, pois é a arte de ser espiritual; fragmente-se, desapareça, suma, vá embora. Mas aonde e para quem? – apenas aos pés do infinito, do universo, de todos. Curve-se àquilo que é universal, vasto, e está presente em todo lugar. Mas não se curve ao que é limitado, raso, momentâneo, que está aqui hoje, mas que amanhã já se foi.

Assim, tenha em mente que eu não sou contrário às suas reverências. Curvar-se é a chave, desaparecer é a chave. Desde que estejamos rigidamente atados a nós mesmos e não possamos nos dobrar, não possamos nos partir, não possamos chegar onde queremos ir. Desaparecer é a chave para se encontrar. Perder é o caminho para vencer tudo. Curvar-se até o chão é a arte de se elevar. Mas tenha em mente onde e para quê você se curva.

Buddha narrou um incidente de seu nascimento anterior.

◆

"Durante meu último nascimento, quando eu não era iluminado, não era um buddha, e quando nada sabia e vivia na escuridão, naquele tempo havia um buddha, um homem que tinha alcançado o budismo. Eu o visitei. Toquei-lhe os pés, deitei a cabeça a seus pés. Mas eu mal tinha me levantado quando ele se curvou diante de mim e deitou a cabeça em meus pés.

"Fiquei chocado. Eu disse a ele:

— O que você está fazendo? Eu curvar-me diante de você é justificável, pois eu sou um ignorante. Mas você curvar-se diante de mim – um ser iluminado, alguém que sabe, que conhece – faz de mim um pecador. Por que você fez algo tão vil?

"O buddha começou a rir e me disse:

— Você acha que é ignorante, mas quando entendi, todos pareceram ser iluminados. Você pensa que não é ninguém, mas daquele momento em diante, o divino parece-me presente em todo mundo. Você caiu aos meus pés, e se em troca eu não cair aos seus, todos aqueles que conheço rirão de mim. Eles dirão que a existência se curvou aos pés dele, mas ele não se curvou aos pés da existência.

"Então, o buddha completou:

— Agora você pensa dessa forma, mas também irá despertar, também conhecerá, se não hoje, amanhã. É apenas questão de tempo, a duração de um sonho, não é muito tempo.

"Agora, na minha vida presente, eu entendo o que ele disse. Desde que despertei, para mim ninguém parece estar dormindo. Desde quando entendi, eu vejo o divino em todo mundo."

◆

Vocês me perguntam por que eu os impeço de curvar-se a mim. Há apenas uma maneira de ter minha permissão: se vocês tocarem meus pés, então tenho que tocar os seus. Isso irá criar muita confusão, muitas dificuldades, levará muito tempo – e tudo será insignificante. Se vocês me cumprimentarem com as mãos unidas, será muito mal-educado de minha parte não responder da mesma forma. Seria muito rude de minha parte não os cumprimentar se vocês me cumprimentarem.

Sabiam que, neste país, monges não unem as mãos para cumprimentar ninguém? Você deve cumprimentá-los com as mãos unidas e só então eles lhe darão a bênção. Eles terão um fotógrafo por perto que irá imediatamente tirar uma foto. Depois, um calendário será publicado com aquela foto junto a uma legenda dizendo que tal e tal sábio, tal e tal monge está abençoando Pandit Nehru[18]. Mas é uma farsa: por pura educação, Pandit Nehru cumprimentou o monge com as mãos unidas e o monge nem sequer fez a gentileza de responder igualmente.

Se você me cumprimentar e eu não responder, será rude, mal-educado. Da mesma forma, se você se curvar aos meus pés e eu não me curvar aos seus, será mal-educado. É muito rude; tenho que responder. Assim, existem apenas duas opções – ou você concorda comigo, ou você me faz trabalhar duro! Isso não faz sentido.

As pessoas não podem ser adoradas. As pessoas não devem ser adoradas, isso não deveria ser permitido. A adoração de pessoas já foi longe demais e, por causa dela, a verdade não pode ser adorada. Cuidado com essas pessoas. Você escapa de uma só para ser encurralado por outra. Levante sua guarda com elas, as evite. Não existe valor nelas; o valor está na verdade.

Eu aponto para a lua, chamo a sua atenção para a lua; mas você olha para o meu dedo, pensando que ele é lindo, e começa a adorá-lo – a loucura começa. Eu apontei para a lua, mas você olhou o meu dedo; esquecendo-se da lua, você começou a rezar para o meu dedo.

Mahavira indica onde a verdade pode ser encontrada; Jesus diz: "Aqui está a porta"; Maomé fala: "Esse é o caminho – venha!". Mas os muçulmanos olharam para o dedo; os jainas pegaram-no; os hindus agarraram o dedo; os cristãos também o colheram – todos estão adorando o dedo. Eles acendem lâmpadas, velas, incensos, colocam guirlandas em volta do dedo e rezam para ele, declarando sua magnificência.

Buddha, Mahavira, Krishna chorarão derramando lágrimas. Assim que se encontrarem no céu, eles irão se sentar e lamentar. Passarão as mãos pela cabeça, perguntando-se o que as pessoas as quais ensinaram estão fazendo agora.

Parem com isso; parem de fazer tudo isso agora – não há necessidade disso. Não é preciso adorar a nenhum homem. Esqueçam a sinalização; o importante é ver a lua. Aqueles que querem ver a lua, terão que ir além do dedo. Seus olhos podem

---

18. Jawaharlal Nehru (1889-1964), também conhecido como Pandit Nehru ou Pandita Nehru, foi um grande seguidor de Mahatma Gandhi e a primeira pessoa a se tornar primeiro-ministro da Índia. O povo indiano o chama de Pandit, que significa "homem sábio". (N. E.)

◆ Paz: a sombra da verdade ◆

estar em meu dedo olhando na direção da lua. Assim que girar os olhos na direção da lua, automaticamente o dedo irá sair de vista. Quando você for na direção do infinito, Mahavira também sairá, Buddha sairá, Krishna sairá, Ram sairá – todos eles ficarão para trás. Eram apenas placas pelo caminho indicando a direção.

Há algumas pessoas aqui – pessoas inteligentes, inclusive – que veem uma placa indicando o caminho para Mumbai e apertam essa placa contra o peito dizendo: "Você é muito gentil, me trouxe a Mumbai". Aquela pobre placa era só um guia mostrando o caminho para Mumbai. Estava dizendo às pessoas que fossem além, na direção para a qual estava apontando. Mas aqui estão elas, sentadas com a placa apertada contra o peito. Se alguém pedisse que elas a abandonassem, responderiam: "Por favor, não coloque obstáculos no caminho da minha religião. Eu estou adorando, eu estou rezando".

Não, deixe o homem ir embora para que a verdade possa ocupar o vácuo. Abandone tudo para que seus olhos possam enxergar aquilo que só pode ser visto com olhos vazios – dos quais o véu das pessoas, palavras, escrituras foram suspensos, sem cortinas de lágrimas à frente. Apenas esses olhos inocentes são capazes de ver a verdade definitiva.

Encontrar a verdade, tocar sua sombra, é encontrar a paz. Aquele que encontra essa verdade torna-se absolutamente calmo, encontra finalmente a tranquilidade. Encontre a verdade e, como uma sombra, a paz a seguirá. A sombra da verdade é a paz.

Então, não tente encontrar a paz diretamente. Se você me convidar para sua casa, minha sombra também irá, mesmo sem ser convidada; não é necessário convidá-la separadamente. Mas se você convidar somente a minha sombra, então sabe pelo que esperar: eu não irei e minha sombra não poderá ir.

Pessoas que convidam apenas a paz jamais encontrarão a paz. A paz é a sombra da verdade. Quando a verdade vem, a paz a segue.

Durante esses quatro dias, falei um pouco sobre como encontrar essa verdade para que também possam encontrar a paz. Sou muito grato a vocês por me ouvirem com tanto amor e paciência. Finalmente, ofereço meus cumprimentos ao divino que habita todos nós. Por favor, aceitem minhas saudações.

Sobre OSHO

OSHO dispensa categorizações. Suas milhares de palestras falam sobre tudo, desde questões individuais às maiores e mais urgentes questões sociais e políticas enfrentadas pela sociedade atualmente. Os livros de OSHO não foram escritos, mas transcritos de áudios e vídeos gravados de suas palestras extemporâneas para plateias internacionais. Como ele próprio dizia: "Lembre-se, o que quer que eu diga, não é apenas para você... Estou falando com as futuras gerações também". OSHO foi descrito pelo *Sunny Times* de Londres como um dos "1.000 maiores influenciadores do século XX" e pelo autor americano Tom Robbins como "o homem mais perigoso desde Jesus Cristo". O *Sunday Mid-Day* (Índia) selecionou OSHO como uma das dez pessoas – logo depois de Gandhi, Nehru e Buda – que mudaram o destino da Índia. Sobre o próprio trabalho, OSHO dizia que estava ajudando a criar as condições para o nascimento de um novo tipo de ser humano. Ele costumava caracterizar o novo humano como "Zorba, o Buda"– capaz de aproveitar os prazeres terrestres de Zorba, o Grego, e o sereno silêncio de um Gautama Buda. Ao observar todos os aspectos das palestras e meditações de OSHO, tem-se uma visão que abarca a sabedoria atemporal de todas as eras passadas e o ápice do potencial da ciência e da tecnologia atuais e futuras. OSHO é conhecido por sua revolucionária contribuição para a ciência da transformação interior, com uma abordagem de meditação que reconhece o ritmo acelerado da vida contemporânea. Sua fórmula única de meditação é desenvolvida para primeiro liberar o estresse acumulado do corpo e da mente, e então tornar mais fácil a experiência de relaxamento concentrado e livre de pensamentos no dia a dia.

DUAS AUTOBIOGRAFIAS ESTÃO DISPONÍVEIS NO MERCADO MUNDIAL:

Autobiography of a Spiritually Incorrect Mystic
Glimpses of a Golden Childhood

Outros livros de OSHO

O LIVRO COMPLETO DA MEDITAÇÃO

Nesse livro você encontrará uma grande variedade de meditações ativas para lhe dar a oportunidade de realmente relaxar e liberar a tensão. Você notará que OSHO fala sobre diversas práticas baseadas no corpo ou relativas aos movimentos corporais, muitas vezes incluindo até a dança. OSHO mostra que, em vez de lutar contra sua mente, vale começar pelo seu corpo. Quando o corpo muda, a mente também mudará, ensina o autor. Depois, sente-se em silêncio e perceba a diferença.

O EQUILÍBRIO ENTRE CORPO E MENTE

Atualmente, o ser humano se encontra alienado em relação ao seu corpo. O estresse e as tensões da vida cotidiana contribuem para o distanciamento entre o corpo e a mente. Nesse livro, OSHO ensina o leitor a se reconectar e conversar com o próprio corpo. Em pouco tempo, você saberá apreciá-lo e descobrirá o prazer e a felicidade que o equilíbrio e a harmonia podem trazer. O livro vem acompanhado de terapia meditativa, por meio de um *hotsite*, que gerará grande sensação de bem-estar. Este é o livro ideal para quem busca o equilíbrio.

MENTE INDEPENDENTE

Será que nossos pensamentos são mesmo nossos? Ou eles vêm de outras pessoas e se infiltram em nossas vidas de tal forma, que começamos a achar que nós próprios os criamos? Por meio de exemplos simples, mas bastante elucidativos, OSHO nos conduz a entender melhor os estados de nossa mente, como o estado pensante, o não pensante e o sem pensamentos. Em sua linguagem amável e tranquila, OSHO nos faz refletir sobre como uma mente dependente pode nos privar de alcançar o potencial completo. Com suas dicas fundamentais para libertar nossa mente a partir da meditação, *Mente independente* é indispensável para quem busca a felicidade e o contato com a alma.

PARA MAIS INFORMAÇÕES:

www.osho.com

OSHO

Um site de múltiplas linguagens que inclui uma revista, os livros de OSHO, as palestras em áudio e vídeo e uma biblioteca de textos de OSHO em inglês e híndi e extensas informações sobre o Resort Internacional de Meditação de OSHO.

SITES:
http://OSHO.com/AllAboutOSHO
http://OSHO.com/Resort
http://OSHO.com/Shop
http://www.youtube.com/OSHOinternational
http://www.twitter.com/OSHO
https://www.facebook.com/OSHO.international

PARA CONTATAR A FUNDAÇÃO INTERNACIONAL DE OSHO:
www.osho.com/OSHOinternational
oshointernational@oshointernational.com

Este livro foi publicado em outubro de 2021 pela Editora Nacional.
CTP, impressão e acabamento pela Gráfica Impress.